> *Konfuzius sagt: Das Schlimmste ist,*
> *wenn man sich selbst vergisst.*

nicht schafft, bricht irgendwann zusammen. Vielleicht ist Konfuzius ja der erste philosophische Zeitmanager der Geschichte gewesen?

Wenn du dich in deinem Alltag regelmäßig nach einem Tempolimit sehnst, dann ist dieses Buch genau richtig für dich. Denn dem Beschleunigungstrend der letzten Jahre kommst du nicht bei, indem du immer noch mehr machst und noch schneller wirst. Im Gegenteil: Je eiliger du es hast, desto mehr entfernst du dich von dir selbst. Hektische Betriebsamkeit blockiert uns auf Dauer. Da hilft es auch nicht, kurzfristig einen Gang runterzuschalten.

Fühlst du dich eingesperrt in einem Gefängnis aus Terminen und Pflichten? Immer wieder hin- und hergerissen zwischen beruflicher Belastung, den Bedürfnissen deiner Familie und deinen eigenen Wünschen? Wie oft fragst du dich: »Warum läuft mir schon wieder die Zeit davon?« »Was soll ich zuerst tun?« »Wie kriege ich bloß alles unter einen Hut?« »Weshalb klingelt jetzt schon wieder das Telefon?« Du willst nicht immer noch mehr und noch schneller arbeiten? Du wünschst dir mehr freie Zeit? Du sehnst dich danach, selbst über deine Zeit zu bestimmen? Weißt aber nicht, wie du das bewerkstelligen kannst?

Du kannst nicht einfach nur weniger oder langsamer arbeiten. Ein Leben an der Belastungsgrenze lässt sich nicht so ohne Weiteres entschleunigen, denn es gibt tausend Gründe, warum wir immer wieder in dieselben Stressmechanismen zurückfallen. Solange du die Ursache deiner Zeitnöte nicht kennst, kannst du dich auch nicht daraus befreien.

Das konfuzianische Wissen half den Menschen vor 2500 Jahren dabei, ihre Probleme zu bewältigen, es kann auch die Menschen des 21. Jahrhunderts dabei unterstützen. Die Weisheit des Konfuzius ist scharfsinnig, kraftvoll, einfach und zeitlos. Es spielt keine Rolle, in welcher Lebenssituation du dich befindest: Ob du Arbeit und Familie unter einen Hut bringen willst, eine rasante Karriere verfolgst oder dir einfach mehr Zeit wünschst, um dich selbst zu verwirklichen. Es ist nicht relevant, wie schnell sich deine Welt dreht und welche Hürden dir im Weg stehen mögen. Jede Zeit konfrontiert uns mit neuen, ganz spezifischen Problemen und Herausforderungen. Die Zeit-Weisheit des großen chinesischen Gelehrten eignet sich für jeden Menschen und lässt sich immer und überall anwenden.

Möchtest du zum Meister deiner Zeit werden? Dann begleite mich auf eine zauberhafte Zeitreise in die Welt des Konfuzius: Dein persönlicher Reiseleiter ist ein chinesischer Glücksdrache, der um das konfuzianische Geheimnis der Zeit weiß. Sein Name ist *Youkong,* was so viel wie »Zeit haben« bedeutet. Als Reiseleiter ist es seine Aufgabe, die vergessene Weisheit über den bewussten und sorgsamen Umgang mit der Zeit für dich wieder zum Leben zu erwecken.

Ich muss gestehen, dass ich eine besondere Schwäche für Drachen und ganz besonders für chinesische Glücksdrachen habe – vielleicht, weil ich im chinesischen Zeichen des Drachen geboren bin. Die Chinesen

> *Konfuzius sagt: Such dir eine Arbeit, die du gerne tust. Dann brauchst du keinen Tag in deinem Leben mehr zu schuften.*

IMPRESSUM

© 2013 GRÄFE UND UNZER VERLAG GmbH, München. Alle Rechte vorbehalten. Nachdruck, auch auszugsweise, sowie Verbreitung durch Film, Funk, Fernsehen und Internet, durch fotomechanische Wiedergabe, Tonträger und Datenverarbeitungssysteme jeglicher Art nur mit schriftlicher Genehmigung des Verlags.

Projektleitung: Nikola Hirmer, Monika Rolle

Lektorat: Ulrike Schöber, Dortmund

Innenlayout, Typographie und Umschlaggestaltung: independent Medien-Design, Horst Moser

Bildnachweis:
akg-images (S. 125); Shutterstock (S. 7, 10, 25, 51, 124)

Syndication: www.jalag-syndication.de

Satz: Knipping Werbung GmbH, Berg/Starnberger See

Herstellung: Susanne Mühldorfer

Reproduktion: Longo AG, Bozen

Druck: Printed in China

ISBN 978-3-8338-3390-8
3. Auflage 2014

www.facebook.com/gu.verlag

Liebe Leserin, lieber Leser,

haben wir Ihre Erwartungen erfüllt? Sind Sie mit diesem Buch zufrieden? Haben Sie weitere Fragen zu diesem Thema? Wir freuen uns auf Ihre Rückmeldung, auf Lob, Kritik und Anregungen, damit wir für Sie immer besser werden können.

GRÄFE UND UNZER Verlag
Leserservice
Postfach 86 03 13
81630 München
E-Mail:
leserservice@graefe-und-unzer.de

Telefon: 00800 / 72 37 33 33*
Telefax: 00800 / 50 12 05 44*
Mo–Do: 8.00–18.00 Uhr
Fr: 8.00–16.00 Uhr
(* gebührenfrei in D, A, CH)

Ihr GRÄFE UND UNZER Verlag
Der erste Ratgeberverlag – seit 1722.

LOTHAR SEIWERT

Lass los und du bist Meister deiner Zeit

DIE GU-QUALITÄTSGARANTIE

Wir möchten Ihnen mit den Informationen und Anregungen in diesem Buch das Leben erleichtern und Sie inspirieren, Neues auszuprobieren. Bei jedem unserer Produkte achten wir auf Aktualität und stellen höchste Ansprüche an Inhalt, Optik und Ausstattung.
Alle Informationen werden von unseren Autoren und unserer Fachredaktion sorgfältig ausgewählt und mehrfach geprüft. Deshalb bieten wir Ihnen eine 100 %ige Qualitätsgarantie.

Darauf können Sie sich verlassen:
Wir legen Wert darauf, dass unsere Gesundheits- und Lebenshilfebücher ganzheitlichen Rat geben. Wir garantieren, dass:
• alle Übungen und Anleitungen in der Praxis geprüft und
• unsere Autoren echte Experten mit langjähriger Erfahrung sind.

Wir möchten für Sie immer besser werden:
Sollten wir mit diesem Buch Ihre Erwartungen nicht erfüllen, lassen Sie es uns bitte wissen! Nehmen Sie einfach Kontakt zu unserem Leserservice auf. Sie erhalten von uns kostenlos einen Ratgeber zum gleichen oder ähnlichen Thema. Die Kontaktdaten unseres Leserservice finden Sie am Ende dieses Buches.

GRÄFE UND UNZER VERLAG. *Der erste Ratgeberverlag – seit 1722.*

INHALT

Was bringt dich aus der Balance?
Seite 8

Warum sind wir überhaupt gestresst?
Seite 22

BALANCE

STRESS

LOSLASSEN

GLÜCK

Vorwort

Als ich auf diesen Satz des chinesischen Gelehrten Konfuzius stieß, kam mir folgender Gedanke: Die Zeiten mögen sich zwar verändert haben, aber die Zeit an sich ist immer gleich geblieben. Ein Tag hat 24 Stunden und ist damit noch genauso lang wie zu Lebzeiten von Konfuzius. Und trotzdem haben die meisten Menschen den Eindruck, dass ihre Zeit immer schneller vergeht. Liegt das an dem schnelleren Takt, dem wir heute folgen? Oder sind wir am Ende selbst schuld an unserem Zeitproblem?

Um diese Frage zu klären, habe ich mir die konfuzianische Philosophie genauer angesehen: Zeit seines Lebens beschäftigte sich der chinesische Gelehrte vor allem mit Harmonie und Balance – den höchsten Zielen, die ein Mensch seiner Ansicht nach erreichen kann. Balance ist auch heutzutage ein Zaubermittel gegen die Hetzkrankheit, unter der unsere Gesellschaft leidet. Ob mein Leben im Gleichgewicht ist oder nicht, wirkt sich auf mein körperliches und seelisches Wohlbefinden und damit auf meine Lebensqualität aus. Wer den Balanceakt zwischen Hektik und Ruhe, Pflichten und Vergnügen, Stress und Erholung

verehren den Drachen, der anders als sein europäischer Verwandter kein Ungeheuer ist, sondern ein Symbol für Glück, Weisheit, Güte, Stärke, Frieden und göttlichen Schutz. Der Drache trägt die Hoffnungen und Wünsche der Menschen in den Himmel.

Lass uns aufbrechen: Auf der ersten Etappe zur Meisterschaft über die Zeit findest du im *Life-Balance-Test* heraus, welcher Zeit-Typ du bist und wie du deine Leistungsfähigkeit sinnvoll steigern kannst. Im nächsten Abschnitt beschäftigen wir uns mit der Frage, warum Menschen überhaupt Stress haben. Wir beleuchten die Ursachen sowie die gravierenden Folgen für Körper und Seele. Im dritten Teil erfährst du, wie du die hektischen Verhaltensmuster loslassen und ein neues Bewusstsein für die Zeit entwickeln kannst. Wer Meister über die Zeit werden will, muss bei allem, was er tut, *fünf Prinzipien* beherzigen: Fokussieren, Reduzieren, Entschleunigen, Balancieren, Selbstbestimmen. Dieses elementare Wissen fehlt den Menschen unserer Zeit. Zahlreiche Übungen, Anregungen, Tipps und Denkanstöße unterstützen dich dabei, dieses Wissen für dich wiederzuentdecken. Im Mittelpunkt des Schlusskapitels steht die Frage: Was tun mit der Zeit, die wir nun übrig haben? Der wahre Meister der Zeit lädt sich nicht noch mehr Arbeit auf, sondern nutzt seine Zeit sinnvoll – auf der Suche nach dem persönlichen Glück und Lebenssinn. Dabei wünsche ich dir viel Erfolg!

Dein Lothar Seiwert

www.Lothar-Seiwert.de

Was bringt dich aus der Balance?

Es war einmal …

… EIN CHINESISCHER GLÜCKSDRACHE NAMENS YOUKONG, der als Hausdrache bei dem großen Gelehrten Konfuzius arbeitete. Es war seine Aufgabe, das Hab und Gut seines Herrn zu hüten und ihn und seine Familie zu beschützen. Youkong entstammte einer langen Linie mächtiger Drachen. Einer seiner Vorväter hatte sogar die Schätze der Kaiser verteidigt. Darauf war er sehr stolz.

Doch über die Jahre, in denen er sein Amt erfüllte, hatte sich sein Elan abgenutzt. Die Arbeit im Haus des großen Philosophen war anspruchsvoll und anstrengend. Tagsüber stand er seinem Herrn zur Seite und selbst im Schlaf wachte er mit einem Auge über das Haus. Kurz: Youkong war rund um die Uhr beschäftigt und nahm sich kaum mehr Zeit für die Dinge, die ihm Freude bereiteten.

Als Konfuzius eines Morgens in sein Arbeitszimmer kam, entdeckte er seinen Drachen am Boden kriechend, als würde er etwas suchen.

»Youkong, was ist mit dir?«, rief er irritiert.

»Meister«, antwortete Youkong mit matter Stimme, »ich … ich habe meine Zeit verloren.«

»Hm …«, sagte Konfuzius und schwieg.

Nachdem eine Weile vergangen war, fragte er schließlich: »Hast du deine Zeit oder dich selbst verloren?«

»Ich weiß es nicht, Meister«, klagte der Drache, »das ist einfach nicht mehr meine Zeit. Alles ist so schwer und anstrengend. Warum kann ich nicht wie andere Drachen durch die Lüfte fliegen? Tagein, tagaus in Habachtstellung – was hat das alles für einen Sinn? Weshalb kann das Leben nicht leicht und angenehm sein?«

Konfuzius schwieg erneut und überlegte eine Weile. Er wusste, dass Drachen magische Geschöpfe der Natur waren. Sie nährten sich von einem einfachen Leben in Freiheit und genossen es sehr, sich vom Wind durch die Lüfte treiben zu lassen oder auf den Wolken zu reiten – stets im Einklang mit den Elementen. Das alles hatte Youkong aufgegeben, um sein Hausdrache zu sein.

Der große Gelehrte musste sich entsetzt eingestehen, dass sich Youkong in einem schlechten Zustand befand. Er hatte seine Drachennatur verloren. Sein Körper und sein Geist waren aus der Balance geraten – und das schon seit einer Weile. Bisher hatte das nur niemand bemerkt oder bemerken wollen, nicht einmal Konfuzius selbst.

Youkongs lichtes und fröhliches Naturell war einer dunklen Griesgrämigkeit gewichen. Statt sich wendig und schnell zu bewegen, schlurfte er phlegmatisch dahin. Sein geschmeidiger Leib war mit den Jahren träge geworden und er hatte an Gewicht zugelegt. Seine 117 smaragdgrün schimmernden Schuppen waren glanzlos und matt und die Krallen seiner vier Zehen stumpf geworden.

Youkong hatte auch schon lange nicht mehr seine Drachenrituale vollzogen, die ihm so viel bedeuteten: Morgens begrüßte er den Tag nicht mehr freudig durch die Lüfte tanzend, mittags drehte er keine ruhigen Kreise mehr am Himmel und auch abends ließ er sich nicht mehr in den Wipfeln der Bäume nieder, um den Sonnenuntergang zu betrachten. Er hatte nur noch seine Pflichten im Kopf.

Konfuzius sagt: Wer lange im Amt ist, sollte wieder anfangen zu lernen. Wer schon lange gelernt hat, sollte daran denken, ein Amt aufzunehmen.

Mit diesem Satz beendete der große Meister das Gespräch und ließ seinen Hausdrachen verdutzt zurück. Was meinte sein Herr damit? Wollte er ihm kündigen? Ihn seiner Ämter entheben und degradieren? Oder wieder zur Schule schicken? War er nicht gut genug in dem, was er tat? Hätte er ihm besser nichts von der verlorenen Zeit erzählt?

Erschöpft von dem Gespräch mit seinem Herrn und beunruhigt von dessen geheimnisvoller Botschaft, stahl sich Youkong in den Garten, um ein wenig Zerstreuung zu finden. Während er nach einem schattigen Platz suchte, stieg ihm aus einem der Blumenbeete der Duft des Schlafmohns in die Nase. Vor lauter Arbeit und Kummer war er noch gar nicht zum Fressen gekommen. Vorsichtig blickte er sich um, ob auch niemand in der Nähe war, schließlich hatte sein Herr den Konsum von Schlafmohn strengstens untersagt. Nur ein bisschen daran schnuppern, sagte er sich und schlich auf Zehenspitzen zum Blumenbeet. Der betörende Duft der Blüten zog ihn magisch an. Da warf er alle Bedenken über den Haufen und ließ sich hinreißen, davon zu naschen.

Nur wenig später machte sich die berauschende Wirkung bemerkbar. Konfuzius würde bitterböse sein, wenn er ihn in diesem Zustand erwischte. Deshalb verließ Youkong den Garten mit letzter Kraft durch eine Hintertür und schleppte sich, bevor er in einen tiefen, tiefen Schlaf fiel, in eine nahe gelegene Höhle, damit sein Herr ihn nicht finden konnte.

✓ TEST Teste deine Life-Balance

Wie wohl fühlst du dich augenblicklich in deinem Leben? Wie stark bist du von der Hetzkrankheit infiziert? Ist dein Leben im Gleichgewicht oder bist du aus der Balance geraten? Der folgende Test liefert dir Antworten auf diese Fragen. Du erfährst außerdem, welcher Zeit-Typ du bist und was du individuell tun kannst, um deine Lebensqualität zu erhöhen.

Und so wird's gemacht: Gehe von deiner jetzigen Arbeits- und Lebenssituation aus und bewerte die einzelnen Aussagen ganz ehrlich so, wie es sich für dich gerade anfühlt, und nicht, wie du es gern hättest. Wähle in jeder der folgenden Vierergruppen eine Aussage, die deiner Einschätzung nach am ehesten auf dich zutrifft, und kreise die Zahl 4 bei dieser Aussage ein. Die anderen Statements in dieser Vierergruppe markierst du in absteigender Folge, also in Form eines »Rankings« mit

einem Kreis um die 3, 2 oder 1 (die Aussage, die am wenigsten auf dich zutrifft). Wichtig: Jede Zahl darf in jeder Vierergruppe nur einmal erscheinen.

♠ Wenn ich in einem Laden oder Restaurant länger als 5 Minuten auf die Bedienung warten muss, werde ich leicht ungeduldig.

1 2 3 4

♥ Ich halte es für wichtig, mir auch einmal Zeit für mich selbst zu gönnen. Ich tue dann all die Dinge, die mir persönlich Spaß machen und bei denen ich Energie tanke.

1 2 3 4

♣ In der Freizeit geht mir vieles nach, ich würde gern besser abschalten. Manchmal habe ich das Gefühl, von meinen Problemen verfolgt zu werden.

1 2 3 4

♦ Wenn ich arbeite, dann vergesse ich alles andere um mich herum, die Zeit verfliegt und ich fühle mich einfach nur glücklich.

1 2 3 4

♥ Ich denke oft über meine private und berufliche Lebensgestaltung nach, denn es ist mir wichtig, dass ich mein Leben sinnvoll gestalte. 1 2 3 4

♠ Ich esse sehr unregelmäßig oder nehme meine Mahlzeiten viel zu schnell und leider oft auch unter Zeitdruck ein. 1 2 3 4

♦ Ich kann mich einfach aufs Sofa legen und eine halbe Stunde lang nichts tun, träumen, relaxen oder den Wolken am Himmel zuschauen. 1 2 3 4

♣ Ich fühle mich durch große Aufgabenfülle, Termin- und Zeitdruck oder hohe Verantwortung beruflich überlastet. 1 2 3 4

♠ Es fällt mir schwer, bei Verabredungen auf andere warten zu müssen oder Menschen zu respektieren, die ständig zu spät kommen. 1 2 3 4

♥ Ich konzentriere meine Kräfte auf das, was ich am besten kann. Damit kann ich auch anderen am meisten nutzen. 1 2 3 4

♦ Ich habe neben meinem Job noch genügend Zeit für meine Familie, Freunde, Bekannte sowie meine Interessen und Hobbys. 1 2 3 4

♣ Manchmal habe ich ein schlechtes Gewissen, weil ich Telefonate, Verabredungen oder soziale Kontakte immer wieder verschiebe. 1 2 3 4

♠ Ich beeile mich, immer ganz vorn in der Schlange zu sein, selbst wenn es nicht darauf ankommt (z. B. als Erster in ein Zugabteil einzusteigen). 1 2 3 4

♦ Ich grübele selten über die Vergangenheit oder sorge mich um die Zukunft, sondern genieße den Augenblick so, wie er ist. 1 2 3 4

♥ Ich trage Verabredungen mit mir selbst in meinen Terminkalender ein – und nehme sie wahr wie einen Geschäftstermin. 1 2 3 4

♣ Wenn ich eine neue Aufgabe annehme oder bekomme, gebe ich eine andere nicht ab, sondern arbeite noch mehr. 1 2 3 4

♠ Ich leide unter körperlichen Beschwerden wie Kopf- oder Rückenschmerzen, Verdauungsproblemen oder anderen Befindlichkeitsstörungen. 1 2 3 4

♣ Wenn es mir nicht gut geht, brauche ich nur Freunde anzurufen. Es ist immer jemand für mich da. 1 2 3 4

♦ Wenn mir eine gute Fee täglich eine Stunde mehr Zeit schenken würde, verbrächte ich sie im Büro, um endlich in Ruhe meine Arbeit zu machen. 1 2 3 4

♥ Nach getaner Arbeit kann ich so richtig abschalten und konzentriere mich immer auf die Dinge, die ich gerade tue. 1 2 3 4

♦ Die Uhr ist für mich kein Taktgeber. Ich wache auf, wenn mich der Tag weckt, esse, wenn ich Hunger habe, und schlafe, wenn ich müde bin. 1 2 3 4

♣ Die beste Tagesplanung bringt nichts – es passiert ohnehin zu viel Unvorhergesehenes in meiner Arbeitsumgebung. 1 2 3 4

♥ Ich kann Zeit verschenken – an meine Familie, Freunde, an Bedürftige. Im Grunde profitiere ich selbst davon am meisten. 1 2 3 4

♠ Ich reagiere gereizt, wenn vieles gleichzeitig auf mich einstürzt. Jeder will alles sofort, am liebsten schon gestern. 1 2 3 4

♣ Es ist verdammt schwer, immer stark und gut sein zu müssen. Ich fühle mich von den Anforderungen meines Alltags zuweilen überfordert. 1 2 3 4

♦ Ich esse regelmäßig und mir ist es wichtig, dass ich dafür Ruhe und eine angenehme Atmosphäre habe. Der Fernseher bleibt dann aus. 1 2 3 4

♠ Ich empfinde oft Druck, Dinge machen zu müssen, mich anzustrengen und noch schneller zu sein. Das Leben ist für mich eine ewige Hast. 1 2 3 4

♥ Mein berufliches und privates Leben ist gut organisiert, sodass mir vom Luxusgut Zeit viel zur Verfügung steht. 1 2 3 4

♥ Ich achte bewusst auf meine Gesundheit und meinen Körper. 1 2 3 4

♠ Ich bin mit meinem Partner oder meinen Kindern ungeduldig, wenn etwas zu langsam vorangeht. 1 2 3 4

♦ Ich kann einfach so in den Tag hineinleben und das Leben genießen. 1 2 3 4

♣ Es fällt mir schwer, »Nein« zu sagen und zusätzliche Termine oder Projekte abzulehnen. 1 2 3 4

♣ Wer viel und hart arbeitet, hat auch viel Erfolg und ist glücklich. 1 2 3 4

♦ Ich praktiziere einen »gesunden Egoismus« und kann gut »Nein« sagen. 1 2 3 4

♥ Ich nehme mir Zeit für private Termine, für Freunde, Familie und Fitness. 1 2 3 4

♠ Wichtige Dinge werden bei mir erst auf den letzten Drücker fertig. Scheinbar brauche ich diesen Druck. 1 2 3 4

♠ Ich weiß manchmal nicht mehr, wo mir der Kopf steht, und es wird mir einfach alles zu viel. 1 2 3 4

♦ Ich muss in meiner Freizeit fast nie an Dinge aus dem Büro denken. 1 2 3 4

♥ Ich konzentriere mich beruflich wie privat auf das, was mir wirklich wichtig ist. 1 2 3 4

♣ Ich will in meinem Beruf zu den Besten gehören und dafür gebe ich alles. 1 2 3 4

♦ Ich bin meist als Letzter fertig, wenn ich mit anderen zusammen esse. 1 2 3 4

♠ Ich versuche immer, zu viel auf einmal zu tun oder mehrere Dinge gleichzeitig zu erledigen. 1 2 3 4

♣ Ich fühle mich tagsüber müde, obwohl ich nachts eigentlich ausreichend schlafe. 1 2 3 4

♥ Ich verbringe wenig Zeit mit Dingen, die mir nichts bedeuten. 1 2 3 4

♥ Ich schaffe es regelmäßig, mir längere Pausen oder Auszeiten zu gönnen.

1 2 3 4

♣ Ich nutze Wartezeiten etwa an Flughäfen und Bahnhöfen, um etwas Sinnvolles zu tun.

1 2 3 4

♦ Ich genieße es sehr, meine Freizeit ohne Uhr und Handy zu verbringen.

1 2 3 4

♠ Auf meiner To-do-Liste gibt es viele Punkte, die ich immer wieder vor mir herschiebe.

1 2 3 4

Die Testauswertung

Zähle nun die hinter den Symbolen ♦, ♣, ♠ und ♥ eingekreisten Zahlen zusammen. Achte darauf, dass nicht die Symbole, sondern die Zahlen neben den Symbolen zusammengezählt werden. Danach trägst du das Ergebnis hier ein:

♦ .... Punkte

♣ .... Punkte

♠ .... Punkte

♥ .... Punkte

Die Summen der Auswertung überträgst du folgendermaßen auf die rechts stehende Grafik:

● Die Summe der ♠-Symbole trägst du links unter »Hetze« ein.

● Die Summe der ♦-Symbole trägst du rechts unter »Gelassenheit« ein.

● Die Summe der ♣-Symbole trägst du unten unter »Arbeit« ein.

● Die Summe der ♥-Symbole trägst du oben unter »Balance« ein. Nun verbindest du die vier Punkte so, dass ein Trapez entsteht. Anschließend schaust du dir die Form des Trapezes genau an und bestimmst, in welchem Viertel des Life-Balance-Quadrats sich das größte Dreieck befindet. Markiere dieses Dreieck mit vertikalen Strichen. Anschließend bestimmst du, in welchem Viertel sich das zweitgrößte Dreieck befindet. Markiere dieses Dreieck und das bereits markierte mit horizontalen Strichen.

So siehst du, welches Verhalten am häufigsten und welches am zweithäufigsten auf dich zutrifft.

✎ Deine Life-Balance-Grafik

So könnte deine Grafik aussehen

Kein Mensch ist im Leben ausschließlich diesem oder jenem Verhalten zuzuordnen. Die meisten von uns zeigen Merkmale aller vier Verhaltensspektren. Wir neigen jedoch bei unserem täglichen Zeit- und Lebensmanagement dazu, eine der nachfolgend beschriebenen Verhaltenstendenzen verstärkt an den Tag zu legen. Du weißt jetzt, welchem Zeit-Typ du hauptsächlich entsprichst. Im Folgenden kannst du nachlesen, zu welchen Verhaltensmustern du neigst. Mit diesem Wissen findest du auf dem Weg zur Meisterschaft über deine Zeit dein individuelles Gleichgewicht im Leben.

Der Sklave der Zeit

Dein Aktionismus ist enorm und dein Motor läuft häufig mit hoher Drehzahl. Chaos und Hektik sind für dich enge Vertraute, Stress ist dein täglicher Begleiter. Du bist sehr flexibel und großzügig, setzt allerdings Methoden zur Zeitplanung wenig ein. Daher bist du relativ häufig in Eile und unter Druck; vieles wird erst in letzter Minute fertig. Du arbeitest mehr als andere und gibst auch nicht viel Arbeit an andere ab. Des Öfteren versuchst du, mehrere Dinge gleichzeitig zu erledigen. Mithilfe eines Kalenders oder eines elektronischen Organizers kannst du deine Zeit und damit dein Leben besser planen. Dein Engpass ist die Selbstdisziplin.

Das hilft dir weiter:

1 Nimm dir Zeit, deine Träume, Wünsche, Visionen und Ziele zu Papier zu bringen und dir über deine Prioritäten klar zu werden.

2 Sei mit dir und anderen geduldiger, gib Terminarbeiten einen angemessenen zeitlichen Vorlauf.

3 Überschütte dich selbst und andere nicht mit zu vielen Projekten oder Aktivitäten auf einmal.

4 Schalte einen Gang zurück; verlange von anderen nicht so viel wie von dir selbst.

5 Liste alle Aufgaben auf, erstelle eine To-do-Liste mit Prioritäten und halte dich daran.

6 Renne dringenden, aber unwichtigen Dingen nicht hinterher. Damit vergeudest du unnötig Energie (siehe Seite 62 ff.).

7 Nimm dir immer wieder auch einmal bewusst Zeit für Muße, Entspannung und Nichtstun.

Der Künstler der Zeit

Du hast eine recht hohe Lebensqualität und erfüllst in deinem Beruf die Mindestanforderungen, ohne dich groß anstrengen zu müssen. Dein Stresslevel dürfte eher niedrig sein. Du machst es dir relativ bequem und bist ein wahrer Überlebenskünstler. Du lässt die Dinge geschehen und planst nicht allzu viel. Im Delegieren bist du großzügig und überarbeitest dich nicht. Ganz im Gegenteil:

Wenig Hektik und Stress, geringe Belastung, wenig Sorgen, dazu eine relativ hohe Lebensqualität. Du verstehst es, dich meist durchzuwursteln und mit dir und deiner Situation ziemlich zufrieden zu sein. Aber in Drucksituationen gerätst du in Schwierigkeiten.

Das hilft dir weiter:

1 Erstelle einen Tagesplan und bringe mehr Struktur in deinen Arbeitstag.

2 Formuliere deine Ziele schriftlich und vereinbare konkrete Erledigungstermine.

3 Nimm Unterbrechungen nicht zum Anlass, dich Tagträumereien hinzugeben; konzentriere dich auf deine anstehenden Aktivitäten.

4 Begrenze deine Zeit für privaten Schwatz.

5 Engagiere dich in Meetings und verpflichte dich auch zur Nacharbeit.

6 Pack Unangenehmes sofort an und schiebe es nicht auf die lange Bank.

7 Übernimm mehr Verantwortung und packe Wichtiges pro-aktiv an (siehe Seite 108 ff.).

Der Hüter der Zeit

Du bewegst dich auf einem mittleren bis hohen Stressniveau. Deine dauerhafte berufliche Leistungsfähigkeit – auch als Haushaltsmanagerin – dürfte daher eher mittel oder niedrig sein. Wo andere zu wenig planen, tust du des Guten eher zu viel. Du machst die Dinge lieber richtig und ordentlich – oder gar nicht. Du neigst zum Perfektionismus und musst alles unter Kontrolle haben. Chaos und Hektik sowie Delegieren sind bei dir weniger ausgeprägt. »Weniger ist mehr!«

Das hilft dir weiter:

1 Bedenke, dass dir bei zu viel Planung zu wenig Zeit zur Umsetzung bleibt.

2 Konzentriere dich auf Ergebnisse und nicht darauf, alles perfekt erledigen zu wollen.

3 Setz dir für die Erledigung deiner Aufgaben unbedingt ein striktes Zeitlimit.

4 Stelle sicher, dass deine Ziele realistisch sind; lege die Latte nicht zu hoch.

5 Mach dir bewusst, dass Menschen wichtiger sind als Zeitpläne und Richtlinien.

6 Lerne, flexibler zu werden und die Dinge – auch in deinem Leben – einfach loszulassen.

7 Werde lockerer in den Erwartungen an dich und andere; lass einmal »Fünfe gerade sein«.

Der Meister der Zeit

Dein Leben ist weitgehend im Gleichgewicht. Du kommst gut mit deiner Zeit zurecht. Dein Stresslevel ist relativ niedrig und dein Aktionismus oder Gehetztsein hält sich in Grenzen. Du planst und delegierst optimal, hast langfristige Ziele und Prioritäten und schiebst nichts unnötig auf. Du lässt dich von Störungen, Hektik und deinem beruflichen oder privaten Umfeld nicht unnötig unter Druck setzen. Du überarbeitest dich wenig oder gar nicht und bist überzeugt, die Abläufe in deinem Bereich aktiv beeinflussen zu können, und tust das auch. **Ein harmonisches und befriedigendes Leben in Balance zu führen bedeutet: sich Zeit nehmen für körperlichen Ausgleich und Entspannung, für Familie und Freunde, für Hobbys, persönliche Interessen und Sinn.** Warum verschenkst du dieses Buch eigentlich nicht an jemanden, der es nötiger braucht als du?

> *Konfuzius sagt: Zufriedenheit bringt auch in der Armut Glück, Unzufriedenheit ist Armut auch im Glück.*

Warum sind wir überhaupt gestresst?

Die Zeiten haben sich geändert …

YOUKONG ERWACHTE IN DER DUNKLEN HÖHLE UND BLICKTE SICH VERWIRRT UM. Erst nach ein paar Minuten dämmerte ihm, wo er sich befand. Wie lange hatte er geschlafen? Es fühlte sich an wie eine halbe Ewigkeit. In einiger Entfernung entdeckte er ein diffuses Licht. Der Ausgang? Mit steifen Gliedern kroch er in Richtung des hellen Flecks, bis er schließlich die Öffnung der Höhle erreichte und hinausschauen konnte. Was er sah, brachte sein Drachenblut in Wallung. Die Höhle war noch dieselbe, doch der Rest der Welt sah ganz anders aus. Um sich einen besseren Überblick zu verschaffen, beschloss er, eine kleine Runde über den Platz vor der Höhle zu drehen. Langsam erhob er sich in die Lüfte. Während er die ersten Kreise zog, traute er seinen Augen kaum: Dort, wo sich üppige Felder und saftige Wiesen befunden hatten, ragten riesige Gebäude mit vielen kleinen Fenstern in den Himmel. Dazwischen schlängelten sich mehrspurige graue Straßen, auf denen sich unzählige bizarre vierrädrige Gefährte in einer atemberaubenden Geschwindigkeit fortbewegten. Wo das Haus seines Meisters gestanden hatte, thronten vier riesige Türme, aus denen schwarzer Rauch quoll.

Das war nicht seine Welt. Nichts war so, wie er es kannte. Wohin er auch schaute, bewegten sich Menschen in gebückter Haltung, den Blick ständig zu Boden gerichtet und in großer Eile, als liefen sie um ihr Leben. Männer, Frauen, Kinder, Alte, Junge, Große, Kleine – alle schienen sie vor irgendetwas davonzurennen. Es roch schlecht in dieser Welt, Youkongs feiner Geruchssinn war aufs Empfindlichste gestört. Was war das nur: Abfall, fremdartige Übel und … Angst. Der Drache konnte überall die Angst der Menschen wittern.

Verschreckt von all diesen Eindrücken zog sich Youkong in seine Höhle zurück, den einzigen Ort, in dem er sich halbwegs zu Hause und sicher fühlte. Seitdem er den Schlafmohn gefressen hatte, waren – wie er bei seinem Rundflug herausgefunden hatte – über 2500 Jahre vergangen.

Als er sich ein wenig von dem Schreck erholt hatte, wurde ihm auf einmal klar, was es hieß, nicht mehr Herr seiner Zeit zu sein. Da sehnte er sich zurück nach den alten Tagen im Haus des Konfuzius, die ihm zuletzt so schrecklich erschienen waren.

Warum hatte er nicht auf seinen Meister gehört? Dann hätte er nicht vom Schlafmohn genascht und auch seine Zeitprobleme in den Griff bekommen. Jetzt, 2500 Jahre später, verstand Youkong auf einmal, was es bedeutete, die Zeit zu verlieren. Und wieder kam ihm eine Weisheit seines Herrn in den Sinn.

> *Konfuzius sagt: Menschen stolpern nicht über Berge, sondern über Maulwurfshügel.*

Wie recht hatte er doch damit! Und das galt nicht nur für Menschen, sondern auch für Glücksdrachen. Verglichen mit seinen jetzigen Sorgen waren seine Zeitprobleme ein Maulwurfshügel gewesen. Er hatte alles gehabt, was man sich als Drache wünschen konnte: ein sicheres Auskommen, einen klugen und freundlichen Herrn, ein Dach über dem Kopf und täglich eine warme Mahlzeit. Und nun saß er in einer Höhle, umzingelt von hektischem Getriebe, und wusste weder ein noch aus.

Auch wenn er eine halbe Ewigkeit geschlafen hatte, erinnerte er sich noch gut daran, wie gestresst er sich als Hausdrache gefühlt hatte. Wie sehr er unter der schweren Verantwortung gelitten hatte, über das Leben seines Herrn zu wachen. Und wie schwer er über die Jahre an dieser Last getragen hatte. Damals hätte er so manches Mal seine Zeit weiterdrehen mögen, wenn ihm etwas nicht gefiel oder zu anstrengend war: »Ach, wäre es doch schon Feierabend …«, »Ach, könnte ich doch ein Nickerchen unter diesem Baum machen …«, »Ach, wie schön wäre es jetzt, einfach nur durch die Lüfte zu fliegen …«

Er war nur selten mit dem Augenblick zufrieden gewesen, in dem er gerade lebte. Eine erschreckende Erkenntnis durchfuhr ihn: Die Gegenwart war noch nie seine Zeit gewesen, weil er dem Moment in Gedanken entweder hinterher- oder vorauslief. Er beschäftigte sich mit der Vergangenheit, die ihm im Nachhinein immer besser erschien. Oder er sehnte sich nach der Zukunft, in der alles verheißungsvoll aussah.

Youkong hatte nie entspannt nach vorn geschaut. Er war nie bereit gewesen, sich auf Neues einzulassen: Er wollte nicht lernen und an den Herausforderungen des Lebens wachsen. Mutig, entschlossen und stark – wie Drachen das eigentlich tun. Er hatte immer nur zurückgeblickt, sich beklagt und seine wahre Drachennatur verleugnet. Dabei verfügte er als Warmblüter über die besten Voraussetzungen, sich an jede Umgebung, an jedes Klima anzupassen. Doch statt diese Fähigkeit sinnvoll zu nutzen, konzentrierte er sich nur darauf, was er entbehrte: Zeit. Nun war er dafür mit dem Schlimmsten bestraft worden: Er hatte seine Zeit im wahrsten Sinne des Wortes verloren.

Die Ursachen von Zeitnot

Du willst nicht immer noch schneller und noch mehr arbeiten? Du wünschst dir mehr freie Zeit? Du sehnst dich danach, selbst über deine Zeit zu bestimmen? Aber zugleich weißt du nicht, wie du das bewerkstelligen kannst? **Wer die eigene Zeit zurückerobern will, muss erst einmal verstehen, warum der Mensch überhaupt Stress hat.** Ohne dieses tiefere Verständnis entsteht sonst leicht der Eindruck, wir seien machtlos gegenüber Zeitproblemen. Das ist aber nicht so! **Das Gefühl der Ohnmacht verschwindet, sobald du die – vermeintlichen – Zeitfresser entlarvt hast.** In diesem Kapitel bringen wir Licht ins Dunkel: Wir schauen uns die Ursachen von Stress und Hektik sowie die gravierenden Folgen für Körper und Seele näher an und gehen die ersten aktiven Schritte auf dem Weg zur Meisterschaft der Zeit.

Du lebst zu schnell

Die Hektik des Tages beginnt schon frühmorgens: Der Wecker klingelt dich unsanft aus den Federn. Draußen ist es noch stockdunkel. Sofort ab unter die Dusche, bevor die Kinder aufwachen. Danach den Rest der Familie wecken, Frühstück machen, den Terminkalender checken: »Wer hat was zu tun?« Die Aufgaben werden verteilt, Pausenbrote geschmiert; das Handy piepst, die Freundin schickt dir eine SMS, deren Beantwortung keinen Aufschub duldet; den Frühstückstisch kurz abräumen; raus aus dem Haus, rein ins Auto, Kinder wegbringen; und mit quietschenden Reifen ab ins Büro. Dort angekommen rast du von Termin zu Termin. Kaum am Schreibtisch, klingelt schon das Telefon. Der E-Mail-Eingang platzt aus allen Nähten. Es bleibt nicht einmal Zeit, mittags eine Kleinigkeit zu essen. Der Zu-erledigen-Stapel ist am Ende des Tages noch genauso hoch wie am Morgen. Doch die Zeit drängt! Ab nach Hause, denn dort wartet schon die Familie. Etwas Schnelles kochen, die Sorgen aller beim Abendbrot besprechen; die Küche in Ordnung bringen; noch einen Korb voll Hemden bügeln. Anschließend kannst du endlich die Füße hochlegen und beim Fernsehen abschalten. Fazit: Wieder einmal war der Tag zu kurz für all das, was es zu tun gab. Und am nächsten Morgen beginnt alles wieder von vorn. **Wir leben in einer Tempogesellschaft, in der alles sofort geschehen muss.** Wie Spitzensportler bei jedem Wettkampf eine bessere Zeit erbringen müssen, so bewegen auch wir uns immer schneller durch den Alltag: wenig schlafen, zügig alle Arbeiten erledigen, schnell etwas Freizeit, ein paar Mo-

mente mit der Familie, kaum Zeit für uns selbst. **Der Druck der Tempogesellschaft führt dazu, dass wir auch unser Lebenstempo erhöhen.** Aber tut uns das wirklich gut? Wie schnell können und wollen wir noch leben? Die Gehgeschwindigkeit der Menschen hat sich innerhalb von zehn Jahren um etwa zehn Prozent beschleunigt, fand der britische Psychologe Richard Wiseman heraus. Die Geschwindigkeit erhöht sich sogar noch, je größer die Stadt ist, in der wir leben. Mehr als 41 Millionen Menschen in Deutschland klagen über außergewöhnlichen und durch ihre Arbeit bedingten *Stress*. Viele von ihnen lassen sich von dem Gedanken beherrschen, alles sofort haben und erledigen zu wollen. Sie alle leiden unter der *Hetzkrankheit*. Wer daran

*Konfuzius sagt: Es ist nicht von Bedeutung,
wie langsam du gehst,
solange du nicht stehen bleibst.*

erkrankt, ist nicht mehr Herr seiner Zeit, sondern wird von ihr beherrscht – so lange, bis das eigene Leben aus der Balance gerät. Anfangs ganz versteckt, denn dieser Prozess geht schleichend und oft unmerklich vor sich. Doch eines Tages befinden wir uns mitten in einer Krise: Beziehungsaus, Kündigung, Sorgen wegen der Kinder und so weiter. Oder auch der Körper macht nicht mehr mit: diffuse Schmerzen, Depressionen, Herzinfarkt oder Diagnose Burnout. Warum sind wir eigentlich oft erst nach einem Zusammenbruch bereit, eine belastende Situation zu ändern, statt auf die Alarmglocken schon vorher zu reagieren?

Vor allem Familien stehen heute unter einem enormen Druck, wie die Vorwerk-Familienstudie 2012 belegt. Dazu befragte das Institut für Demoskopie Allensbach insgesamt 1617 Menschen über 16 Jahren. Nur 28 Prozent aller Befragten gaben an, viel Zeit für die Familie zu haben. 55 Prozent der berufstätigen Mütter können in ihrer Freizeit nur noch selten entspannen. Fast 30 Prozent aller berufstätigen Befragten müssen auch noch nach Feierabend für berufliche Belange ansprechbar bleiben. 49 Prozent der befragten berufstätigen Väter stehen ständig unter Stress. Bewegen sich unsere Familien am Rande des Burnouts?

Wir hetzen nicht nur von Termin zu Termin, wir sind dank der ebenso modernen wie rasanten Kommunikationsmittel auch überall und rund um die Uhr zu erreichen: via Smartphone 24 Stunden auf Abruf – für Familie und Freunde, aber auch für den Chef, die Kunden und die Kollegen.

Warum tun wir das eigentlich?

Dem Druck der Tempogesellschaft kann man sich nur sehr schwer entziehen. Wohlstand, Einfluss, Macht, Erfolg – das sind die Schlagworte unserer schnelllebigen Zeit. Viele Menschen glauben, erst glücklich zu sein, wenn sie erfolgreich sind. Dafür arbeiten sie bis zum Umfallen, dafür halten sie all die Hektik und den Druck aus. Doch geht es im Leben tatsächlich darum, immer schneller zu werden und immer mehr zu leisten? **Was bedeutet Erfolg wirklich? Hat Erfolg nicht eher etwas damit zu tun, dass wir zufrieden sind mit dem, was wir tun?** Dass wir ein Leben im Gleichgewicht zwischen Arbeit, Familie, Freunden und Selbstverwirklichung führen? Möchtest du zufrieden mit deinem Leben und mit deiner eigenen Leistung sein – und das jeden Tag? Denk drüber nach: Was heißt Erfolg für dich?

Multitasking: Du machst viel zu viel auf einmal

Vor Kurzem saß ich in einem Restaurant beim Essen, als mir am Nebentisch eine Familie mit drei Kindern auffiel. Die zwei halbwüchsigen Söhne spielten irgendetwas auf ihren Handys. Die etwa 14-jährige Tochter schickte und empfing ununterbrochen SMS, während sie ihre Spaghetti aß. Der Vater überprüfte während des Essens regelmäßig seinen E-Mail-Eingang. Zweimal lief er kurz nach draußen, um zu telefonieren. Seine Frau aß allein weiter und blätterte zwischendurch immer wieder in einer Frauenzeitschrift. Jeder Gesprächsauftakt wurde von diversen Ablenkungen im Keim erstickt. Die Familie verbrachte ihre Zeit zwar zusammen, aber nicht gemeinsam. Ein Einzelfall?

Nicht nur die Menge an Aufgaben macht uns zu schaffen, sondern auch die Art und Weise, wie wir sie bearbeiten. Die Rede ist von *Multitasking,* der Fachbegriff dafür, vieles gleichzeitig zu tun. Multitasking gilt als positive Fähigkeit, die vor allem den Frauen nachgesagt wird. Am Festnetz telefonieren, E-Mails am Computer bearbeiten und zwischendurch noch schnell eine SMS beantworten, die auf dem Handy reinkommt … Kochen, die Wäsche bügeln, den Kindern bei den Hausarbeiten helfen, während im Hin-

> *Konfuzius sagt: Zu viel zu tun ist nicht unbedingt besser, als zu wenig zu tun.*

tergrund der Fernseher oder das Radio läuft … Eine Besprechung mit den Kollegen, dabei einen Bericht überfliegen und Notizen machen. Wie oft jonglierst du mit drei bis fünf Aufgaben gleichzeitig? **Forschungen haben ergeben, dass weder Frauen noch Männer mehr als zwei Dinge gleichzeitig tun können.** Wenn du also bisher dachtest, vieles auf einmal bewältigen zu können, dann ist das tatsächlich gar nicht so. In Wirklichkeit bearbeitest du alle scheinbar gleichzeitigen Aufgaben nacheinander, und das in der Regel auch noch sehr schnell. Die Folge: Du unterbrichst dich selbst immer wieder bei dem, was du gerade tust, um dich einer anderen Aufgabe zu widmen. Dass wir gar nicht multitaskingfähig sind, liegt in der Funktionsweise unseres Gehirns: Wir können nicht mehr als zwei Dinge auf ein-

mal tun! Wer seine Aufmerksamkeit gleichzeitig auf viele verschiedene Themen und Details richtet, springt ständig zwischen Aufgaben hin und her und unterbricht sich damit andauernd selbst bei der Arbeit. Was für ein Stress für das Gehirn! Da ist es nur logisch, wenn Konzentration und Leistungsfähigkeit mit der Zeit nachlassen. Menschen, die viel zu viel – oft auch noch gleichzeitig – tun, kompensieren die mangelnde Effektivität oft damit, länger zu arbeiten. Ein solcher Lebenswandel macht irgendwann krank.

Das atemberaubende Tempo und die ständig wachsenden Informationsmengen, Vernetzungsmöglichkeiten und die zunehmende Verbreitungsgeschwindigkeit der Informationen ergeben zusammen eine gefährliche Mischung. Der Fachbegriff für diese Kombination aus Dynamik und Komplexität heißt *Dynaxity.* Unser Leben hat sich in allen Bereichen so sehr beschleunigt, dass die Dynaxity-Kurve in den letzten zehn Jahren exponentiell angestiegen ist. Wie lange kann das so weitergehen? Ist die Belastungsgrenze der Menschen nicht bereits erreicht? Wir haben nur die Wahl, selbst auf die Bremse zu drücken oder ausgebremst zu werden – beispielsweise von einem Burnout.

Du bestimmst nicht selbst über deine Zeit

In den romanischen Sprachen hat das Wort Zeit zugleich die Bedeutung von Wetter. Jahrtausendelang richteten sich die Menschen in der Taktung des Tages nach der Natur. Sie begannen ihren Tag mit der aufgehenden Sonne und beendeten ihn, als es dunkel wurde. Sie passten ihr Leben an die Jahreszeiten und den Rhythmus ihres natürlichen Lebensraums an.

Heutzutage ist das anders: Da will dein Chef oder dein Auftraggeber, dass du eine wichtige Aufgabe unbedingt sofort erledigst. Deshalb machst du Überstunden bis tief in die Nacht. Jedes Familienmitglied hat einen anderen Stundenplan, was ein regelmäßiges gemeinsames Abendessen nahezu unmöglich macht. Die Schule, der Arbeitgeber, die Familie geben den Takt vor, nach dem wir uns – oft in rasantem Tempo – durchs Leben bewegen. **Wenn wir langfristig nicht nach unserem eigenen Rhythmus leben dürfen, fühlen wir uns irgendwann beherrscht und fremdbestimmt.** Und das wiederum verursacht Stress, weil wir unsere eigenen Bedürfnisse vernachlässigen. Müssen wir die Dinge wirklich immer so tun, wie andere Menschen es wollen? **Das neue Zeitmotto lautet: Schluss mit der Fremdbestimmung!** Es braucht allerdings etwas Mut, um sich aus dem Würgegriff der Zeit- und Energieräuber zu befreien. Den Mut, das Tempo deines Lebens selbst zu bestimmen. Wer sich vergegenwärtigt, was ihn bedrückt und woher dieser Druck kommt, kann sich frei machen vom Diktat der äußeren Zwänge. Du bist selbst verantwortlich für dein hektisches Treiben. Denn du entscheidest, was du tun willst und was nicht. Machst du etwas, das du gar nicht willst oder kannst, verursacht das Stress: Sei es, dass du anderen Menschen dauernd zur Verfügung stehst und hilfst, obwohl du eigentlich etwas ganz anderes tun möchtest. Sei es, dass du einen Job hast, der dir keine Freude bereitet.

Zeitnot schadet deiner Gesundheit

Ständige Zeitnot setzt uns unter Druck. Und Druck verursacht – ist er nur stark genug oder hält er zu lange an – *Stress.* Wenn du den Tag mit einem anstrengenden Familien-Organisationsprogramm startest und schon gehetzt und gestresst ins

Büro kommst, wenn dein Arbeitstag dann auch noch mit einer schier unüberwindlichen Menge an Arbeit anfängt, kannst du schnell in Panik geraten. Denn neben dem Druck, den du dir selbst machst, nimmt auch der Druck von außen zu. Damit er dich nicht aus der Bahn wirft, musst du dich mit aller Kraft gegen diesen Druck stemmen. Das verbraucht deine Energie, ohne deine Probleme zu lösen, und kostet wertvolle Lebenszeit.

Stress stresst den Körper

Stressforscher wissen, dass uns nicht die großen Krisen im Leben krank machen. **Der nervige Alltag ist die schlimmste Stressquelle,** die alltäglichen Probleme und Ärgernisse, die immer wiederkehren und gegen die wir uns machtlos fühlen. Jeden Morgen der Stress, die Familie zu organisieren, immer zu spät zu Terminen zu kommen, weil irgendetwas schiefläuft, ständig der gleiche Ärger mit den Kollegen oder dem Chef, viele unangenehme Verpflichtungen über den Tag verteilt, morgens und abends im Stau stehen – das macht uns zu schaffen! Wusstest du, dass das Gedächtnis um ein Drittel schlechter funktioniert, wenn du unter Stress stehst? Das haben Studien an der Universität Zürich ergeben.

Doch das ist noch nicht alles: Stress erhöht den Kortisolwert in deinem Blut. Dein Körper arbeitet auf Hochtouren, um dieses Anti-Stress-Hormon zu produzieren, das dich vor den negativen Folgen erhöhter Belastung schützen soll. Da Kortisol in enger Verbindung zum Immunsystem steht, schädigst du auch deine körpereigene Krankheitsabwehr mit dem Dauerstress. Herzinfarkt, Schlaganfall oder andere Krankheiten sind damit vorprogrammiert!

Wir reagieren aus gutem Grund auf diese Weise auf Stress. Dieses Verhalten ist ein Überbleibsel aus uralten Zeiten, als die Menschen noch Jäger und Sammler waren und täglich ums Überleben kämpfen mussten. Begegneten sie einem wilden Tier, hatten sie zwei Möglichkeiten: Angriff oder Flucht. Egal wofür sie sich entschieden, immer war eine körperlich anstren-

Wie der Körper auf Stress reagiert

- Adrenalin wird ausgeschüttet.
- Der Puls geht nach oben.
- Die Atmung wird schneller und flacher.
- Der Blutdruck steigt.
- Kortisol wird ausgeschüttet.
- Die Körpertemperatur steigt.
- Der Körper beginnt, Schweiß zur Kühlung zu produzieren.
- Der Energieverbrauch des Körpers erhöht sich.
- Die Gehirnleistung verschlechtert sich.
- Die Muskeln spannen sich an.

> *Konfuzius sagt: Der Narr tut,*
> *was er nicht lassen kann, der Weise lässt,*
> *was er nicht tun kann.*

gende Reaktion die Folge, bei der die ausgeschütteten Stresshormone abgebaut wurden.

Auch wenn wir heute keine Angst mehr vor Säbelzahntigern und Höhlenbären haben müssen, reagieren unser Gehirn und unser Körper immer noch genauso auf Bedrohung. Doch die Art der Gefahr hat sich geändert: Heute lehren uns der ungerechte Vorgesetzte, die Beziehungskrise, die Arbeitsberge, die finanziellen Sorgen und vieles mehr das Fürchten. Angreifen oder flüchten sind da keine angemessenen Reaktionen. Als Folge bleiben die Stresshormone im Körper und mit ihnen die Anspannung – und das ist auf lange Sicht die Basis für Krankheiten.

Ist Stress immer schädlich? Nein, er kann auch sehr hilfreich sein:

Das Lampenfieber unterstützt den Schauspieler bei seiner Darbietung. Der Marathonläufer mobilisiert kurz vor dem Ziel noch einmal seine Kräfte. Der Abiturient löst die Prüfungsaufgaben hoch konzentriert. Der Journalist stellt in einer Nacht seinen Artikel für den nächsten Morgen fertig. Gehirn und Körper laufen unter Stress auf Hochtouren und wir zur Bestform auf – vorausgesetzt, wir haben keinen Dauerstress. **Wir arbeiten und leben am effektivsten und gesündesten, wenn wir den Stress auf einem gesunden Niveau halten.** Das heißt: Solange du dich im Stress körperlich und seelisch wohlfühlst und immer wieder zur Ruhe kommst, ist Stress nicht schädlich. *Nur zu viel Stress bewirkt auf Dauer Probleme.*

Burnout – Vorsicht Ansteckungsgefahr!

Sind wir einer ständigen Überbelastung ausgesetzt, machen Körper und Seele nicht mehr mit. Die Betroffenen sind ausgebrannt, ihre Leistungsfähigkeit ist stark vermindert, manche sind eher aggressiv, die anderen eher depressiv. Die Diagnose lautet am Ende: Burnout oder totale Erschöpfung. Wie sieht das bei dir aus: Wie viel Zeit verbringst du mit deiner Arbeit? Wie sehr leidest du unter lästigen oder unangenehmen Aufgaben? Bleibt dir ausreichend Zeit für dich selbst? Oder verfolgen dich deine Pflichten bis ins Bett? Treibst du dich ständig zu Höchstleistungen an, um alles möglichst perfekt zu erledigen? **Burnout kann jeden treffen.** Nicht nur Topmanager. Das Phänomen zieht sich durch alle sozialen Schichten und Berufsgruppen. Es betrifft Männer wie Frauen, ältere wie jüngere Menschen. Gefährdete Menschen treiben sich selbst

so lange an, bis es nicht mehr geht. Arbeitssucht ist zu einem Massenphänomen geworden. Was löst diesen Stress aus? Der Drang zum Perfektionismus und ein übertriebener Leistungsanspruch sind ein wesentlicher Antriebsfaktor. Erwartungen und Forderungen, die Vorgesetzte haben. Mobbing durch Kollegen. Die Ansprüche, die wir an uns selbst stellen. Das alles führt dazu, dass Menschen aufgrund ihres Pflichtbewusstseins die eigenen Bedürfnisse vernachlässigen. Dass ein Leben im *Dauerstress* unzufrieden macht, ist mehr als verständlich. Wer langfristig keine Befriedigung in dem findet, was er tut, und auch noch ständig Arbeit mit nach Hause nehmen muss, steuert zwangsläufig auf eine körperliche und seelische Erschöpfung zu. Diese Zahlen sind alarmierend: Rund 25 Prozent aller Arbeitnehmer können kaum mehr abschalten, so eine DGB-Umfrage, weil sie für ihren Arbeitgeber auch nach Dienstschluss und oft auch am

Selbst-Check: Hat der Stress dich im Würgegriff?

- Ja, wenn du häufig am Schreibtisch Mittagspause machst und nur ein paar Happen isst, während du weiterarbeitest.
- Ja, wenn du ständig in Eile bist und unter Zeitdruck arbeitest.
- Ja, wenn du dich oft nicht gut fühlst, aber nicht wirklich krank bist. Oder wenn du immer öfter körperliche Beschwerden wie beispielsweise Rückenschmerzen hast.
- Ja, wenn du lieber auf dem Sofa vor dem Fernseher liegen bleibst, als deine Freizeit mit deiner Familie, deinen Freunden oder mit anderen angenehmen Dingen zu verbringen.
- Ja, wenn du ständig ungeduldig bist, gereizt reagierst und häufig unzufrieden bist.
- Ja, wenn du Aufputsch- oder Entspannungsmittel (von Alkohol bis Tabletten) brauchst, um in die Gänge zu kommen.
- Ja, wenn du nicht mehr oder nur schwer abschalten oder entspannen kannst.
- Ja, wenn dir deine Arbeit überhaupt keinen Spaß mehr macht.
- Ja, wenn du morgens nur noch mit Widerwillen aufstehen kannst.
- Ja, wenn du oft traurig oder deprimiert bist und nur noch selten Lebensfreude empfinden kannst.
- Ja, wenn du häufig Konflikte am Arbeitsplatz oder zu Hause hast oder unter Mobbing leidest.
- Ja, wenn du regelmäßig nicht einschlafen oder durchschlafen kannst, weil dir alle möglichen Probleme oder deine Arbeit im Kopf herumspuken.

Wochenende erreichbar bleiben müssen. Wie sieht das bei dir aus: Beginnst und beendest du deinen Tag in innerer Ausgeglichenheit? Oder lauert der Burnout schon vor deiner Haustür?

Burnout betrifft nicht nur Menschen, die unzufrieden sind oder keinen Spaß an ihrem Beruf haben. Auch wenn deine Arbeit dich erfüllt, kannst du ausbrennen – weil du dich unermüdlich zu Höchstleistungen antreibst und nicht mit deiner Energie haushältst. Anfangs macht dir das nichts aus. Da helfen Begeisterung und Leidenschaft über die ersten Symptome hinweg. Doch irgendwann hast du vielleicht das Gefühl, als hätte dir jemand den Stecker rausgezogen. Nichts geht mehr! Die Batterien sind leer, die Kreativität ist erschöpft. Natürlich kommt es nicht von heute auf morgen zum Zusammenbruch. Meist dauert es sogar mehrere Jahre, bis Körper, Geist und Seele schlappmachen. Bis dahin leiden die Betroffenen unter vielen Symptomen, die sie meist nicht ernst nehmen: Rückenprobleme, Schlafstörungen, Migräne, Tinnitus, Magen-Darm-Probleme, Bluthochdruck, Asthma, häufige Infektionen aufgrund eines geschwächten Immunsystems, Herz-Kreislauf-Beschwerden, Depressionen oder auch Ängste. Ein Mensch, der sich jahrelang einer Überbelastung ausgesetzt hat, braucht viel Zeit, um an seine verschütteten Gefühle zu kommen und sich selbst wieder zu spüren.

Und genau das muss geschehen, um die Ursachen des Burnouts zu ergründen. Nur so kann ein Betroffener wieder lernen, die eigenen perfektionistischen Ansprüche abzulegen und Nein zu dem zu sagen, was er nicht möchte oder was nicht machbar ist, und auf dieser Basis einen individuellen Lebensrhythmus entwickeln. Das ist ein langer Prozess, der neben der Schulmedizin heute oft auch von alternativen Heilmethoden wie Traditioneller Chinesischer Medi-

Burnout: Die Alarmsignale der Seele

1 Der Wunsch, Erfolg zu haben und den eigenen Ansprüchen zu genügen, treibt den Betroffenen ständig zu Höchstleistungen an. Auch wenn er seine Arbeit mit Begeisterung macht, überschätzt und überbeansprucht er seine Leistungsfähigkeit.

2 Der Betroffene vernachlässigt seine eigenen Bedürfnisse. Die Folge: Müdigkeit, schlechte Essgewohnheiten (zu viel oder zu wenig essen), kaum mehr Zeit zur Entspannung.

3 Der Betroffene überhört die Warnsignale des Körpers und ignoriert Probleme wie Verspannungen, Rückenschmerzen, Kopfschmerzen, Schlafstörungen, hohen Blutdruck oder Konzentrationsschwäche.

4 Manche greifen zu künstlicher Unterstützung wie Aufputschmitteln, Schlaf- oder Schmerzmitteln, Alkohol, Nikotin, um weiterhin zu funktionieren.

5 Der Betroffene zieht sich zurück aus dem gesellschaftlichen Leben. Er nimmt Familie, Freunde, Kollegen kaum mehr wahr und rutscht mehr und mehr in die Isolation.

6 Das Leben dreht sich nur noch darum zu funktionieren. Der Betroffene verdrängt Gefühle und Emotionen und verhärtet innerlich. Lebensfreude und Humor weichen Pessimismus und Sarkasmus.

7 Nun zeigt sich das gesamte Ausmaß der Erschöpfung: Schmerzen, Gereiztheit, Angst vor einem Zusammenbruch. Der Betroffene funktioniert wie eine Maschine, sein Seelenleben ist erstarrt. Diese Stufe führt schließlich zur Depression, zum Zusammenbruch und in den Burnout.

zin, Ayurveda, Homöopathie, psychotherapeutischen Methoden und Entspannungstechniken wie Yoga, Autogenem Training oder Meditation begleitet wird.

Du hast dich mit diesem Buch dazu entschlossen, einer *neuen Zeit* entgegenzugehen. Das ist der erste – wesentliche – Schritt, mit dem du dich vor einem Burnout schützt. Denn mit einem neuen Bewusstsein für deine Zeit bringst du deinen Körper, deine Seele und deinen Geist in Balance.

Schritt für Schritt zu mehr Zeit

Ein *neues Bewusstsein für die Zeit* entwickeln – klingt das nicht verheißungsvoll? Aber was ist damit gemeint? Es geht um eine Lebenshaltung, in der wir uns des Augenblicks bewusst sind, Herausforderungen neugierig und offen begegnen und bereit sind, unser Tun stetig zu verbessern. Diesen Veränderungsprozess kannst du mit etwas Disziplin selbst vollziehen.

1. Achtsam durchs Leben gehen

Wenn du achtsam lebst, bist du dir bewusst darüber, was du gerade tust. Dann hältst du dich automatisch immer im gegenwärtigen Moment auf. Achtsamkeit ist nicht dasselbe wie Konzentration. Wenn wir konzentriert sind, verkleinern wir unseren Blickwinkel und richten unsere Aufmerksamkeit auf eine bestimmte Aufgabe. Achtsam

Konfuzius sagt: Es ist besser, das winzigste Lämpchen zu entzünden, als sich über die Dunkelheit zu beklagen.

Sprachliche Tempomacher im Alltag

- Ich muss noch kurz einkaufen.
- Ich mach mal schnell Pause.
- Kannst du mir eben mal die Akten bringen?
- Du musst rasch mal etwas erledigen.
- Warum braucht das so lange?
- Mach mal flott!
- Geht das nicht zügiger?
- Kannst du schnell warten?
- Bitte erledigen Sie diesen Vorgang umgehend.
- Ich will nur eben noch einen Anruf machen.

sein heißt, sich zu öffnen für das, was gerade mit uns und um uns herum ist. Und – das ist sehr wichtig – es anzunehmen, so wie es ist. Halte einen Moment inne und spüre in dich hinein: Womit beschäftigst du dich gerade? Warum tust du es? Wie fühlst du dich? Wie geht es deinem Körper?

Es geht nicht darum, einen Zustand zu bewerten und ihn als negativ oder positiv zu beurteilen. Nimm einfach nur wahr, was du siehst und fühlst – neugierig, offen und interessiert. **Achtsamkeit hilft dir dabei, den Entwicklungsprozess auf deinem Weg zur Meisterschaft im Umgang mit der Zeit leichter zu vollziehen.** Indem du dich selbst und deine Umgebung genau wahrnimmst, kannst du die Zeitfallen identifizieren, in die du regelmäßig stolperst. Und das ist der erste Schritt, um Veränderungen vorzunehmen und überholte oder lästige Verhaltensmuster abzulegen. Wer achtsam ist, sorgt zugleich gut für sich selbst und die Menschen, die ihn umgeben, weil er im Blick hat, wie andere sich fühlen, und sich selbst dabei nicht vernachlässigt. Schauen wir uns das Thema Achtsamkeit einmal in Bezug auf unsere Sprachgewohnheiten an. Der

Gebrauch des Wörtchens »schnell« spiegelt zugleich das persönliche Tempo des Sprechers wider. Das gilt genauso für »eben mal«, »sofort«, »eilig«, »kurz«, »rasch«, »zügig«, »flott« oder »umgehend«. Wie oft verwendest du täglich einen dieser *Tempomacher* oder reagierst auf sie?

Wieso muss das alles eigentlich *schnell* gehen? Können wir die Dinge nicht auch langsam und mit Bedacht tun? Was bringt es uns, den Alltag mit solchen Floskeln unnötig zu beschleunigen? Wenn du genau beobachtest, wirst du feststellen, dass du oft selbst für den Temporausch verantwortlich bist: weil du unbewusst in die Dynaxity-Spirale einsteigst und dir und den Menschen um dich herum bereits verbal Druck machst.

Es bringt nichts, den Stress zu ignorieren oder sich darüber zu beschweren. Das schenkt einem keine Sekunde mehr Zeit und sorgt auch nicht für Entlastung. Auf dem Weg, Meisterschaft über die Zeit zu er-

langen, ist die Achtsamkeit deshalb eine wesentliche Fähigkeit. Wir sehen uns auf diese Weise dabei zu, wie wir leben. Und erfahren so, was wir anders – und besser – machen können. Lass uns ein kleines Experiment machen:

- Wie schnell gehst du?
- Wie schnell sprichst du?
- Wie schnell isst du?
- Wie schnell arbeitest du?
- Wie schnell fährst du Auto?
- Wie schnell verbringst du deine Freizeit?
- Wie schnell entspannst du?

Beobachte dich einfach mal eine Weile dabei, in welchem Tempo du dich durch den Alltag bewegst.

2. Forschergeist für dich selbst entwickeln

Wenn du bereit bist, dich und deinen Alltag zu beobachten und herauszufinden, wann und wo du in Zeitfallen tappst, wirst du zum Erforscher deines Lebens. Denn beim distanzierten Beobachten stellt sich automatisch so etwas wie Neugier ein: Warum mache ich das eigentlich so und nicht anders? Wieso komme ich bloß immer zu spät? Warum geht es mir heute nicht gut? Der »Zeitforscher« hinterfragt seine Entdeckungen. Er will herausfinden, warum er immer wieder in die gleichen unangenehmen Situationen gerät, die ihm nicht guttun. Die Schlüsselfrage lautet dabei: **Wie fühle ich mich jetzt gerade?**

Du bist direkt von der Arbeit in den Supermarkt gefahren. An der Kasse wartest du ewig in einer riesigen Schlange. Eigentlich solltest du in 15 Minuten im Kindergarten sein, um deine Tochter abzuholen … Du kommst morgens ins Büro und dein Schreibtisch biegt sich bereits wegen all der Arbeit, die auf dich wartet. Da kommt dein Chef und hat eine dringende Aufgabe, die du umgehend erledigen musst. Dabei droht der Riesenstapel Arbeit fast zu kippen … Ganz egal, wie deine Stresssituatio-

nen aussehen, finde heraus, wie du dich dabei fühlst. Wie geht es dir, wenn du aufgrund der Überbelastung deine Arbeit nicht bewältigen kannst? Wie fühlt es sich an, ständig zu spät zu kommen, weil du zu viele Termine hast? Zeitdruck und emotionaler Druck lösen eine Reihe unangenehmer Gefühle aus, die uns auf Dauer sehr schaden:

- **Angst**, weil du fürchtest, Fehler zu machen, den Job zu verlieren, nicht gut genug zu sein. Manche Menschen belastet dieses Gefühl so, dass sie keinen klaren Gedanken mehr fassen können.
- **Nervosität:** Vor lauter Druck, den du oder den andere dir machen, wirst du unruhig. Diese Unruhe wirkt sich auf deinen Nachtschlaf aus, was dir wiederum Energie für deine Aufgaben raubt und die Gereiztheit am Tag steigert.
- Du empfindest **Wut**, weil dir das Leben übel mitspielt. Der Nachbar bringt dich zur Raserei mit seinem Gemecker. Der Autofahrer an der Kreuzung kostet dich

> *Konfuzius sagt: Der Weise sucht, was in ihm selber ist, der Tor, was außerhalb.*

den letzten Nerv, weil er dir die Vorfahrt nimmt … Wut dient als Stressventil, doch sie kann langfristig auch krank machen, wenn man sie nicht kanalisiert.

Dem Teufelskreis aus Angst, Nervosität und Wut entkommst du, wenn du deinen Gefühlen auf den Grund gehst. Die gute Nachricht: Wer tief in sich hineinhorcht und -fühlt, nimmt seine echten Gefühle zugleich an. Denn wir können erst fühlen, wie es uns wirklich geht, wenn wir akzeptieren, dass es uns nicht gut geht.

Liegt die Ursache deiner Zeitnot im Außen? Oder kannst du an deiner Situation etwas ändern? Was hilft es dir, wenn du über den Stress schimpfst, still darunter leidest, krank wirst oder andere für deine Zeitnot verantwortlich machst? Das entlastet dich nicht und bringt dir keine Veränderung.

Achtsam das eigene Tun zu hinterfragen, setzt dem hektischen Getriebe hingegen ein Ende. **In der Achtsamkeit befindest du dich in einer Beobachterposition – und damit außerhalb der unliebsamen Situation.** Stress, in welcher Form auch immer, kann dir so nichts mehr anhaben. Denn der achtsame Erforscher seines eigenen Lebens lässt sich nicht vereinnahmen.

Es hängt von dir ab, wie du Stress erlebst: gehetzt, genervt und mittendrin; oder bewusst, achtsam und außen vor. Befreie den Forscher in dir! Begib dich auf eine Entdeckungsreise zu dir selbst und entdecke deine Bedürfnisse.

Übung macht den Meister

Achtsamkeit im Alltag und Selbsterforschung führen dich jedoch noch nicht zu wahrer Meisterschaft

Konfuzius sagt: Etwas lernen und sich immer wieder darin üben – schafft das nicht auch Befriedigung?

im Umgang mit der Zeit. Entscheidend ist, dass du das, was du auf deiner Entdeckungsreise erkennst und lernst, auch umsetzt. Dazu braucht es vor allem eins: *Übung.* Und zwar jeden Tag! Das schafft, wie Konfuzius sagt, Befriedigung. Die Erklärung dafür ist so einfach wie logisch: Du siehst, dass du Fortschritte machst, und wirst von Tag zu Tag besser. Aber: Der Mensch ist ein Gewohnheitstier. Was er einmal gelernt hat, macht er immer wieder genauso. Das ist grundsätzlich in Ordnung, solange es um sinnvolle Tätigkeiten geht. Doch was tun, wenn wir ein Verhalten ändern wollen, das uns nicht mehr gefällt? Um neue Gewohnheiten entwickeln zu können, benötigst du Zeit zum Üben. Das ist vor allem in der Anfangsphase

gar nicht so leicht: Wissenschaftler haben herausgefunden, dass der Mensch mindestens 21 Tage braucht, um eine neue Gewohnheit zu verankern. In der Studie »Wie sich Gewohnheiten bilden« befragten Phillippa Lally, Cornelia H. M. van Jaarsveld, Henry W. W. Pott und Jane Wardle vom University College London 96 Freiwillige zwölf Wochen lang zu bestimmten Ess-, Trink- und Verhaltensgewohnheiten, die die Teilnehmer verändern wollten: Wie sich das neue Verhalten anfühle? Ob es schwer sei, nicht wieder in eine alte Gewohnheit zu verfallen? Oder ob sie gar nicht darüber nachdenken müssten? Das Ergebnis dieser Studie ist sehr aufschlussreich: Es zeigte sich, dass alle Teilnehmer eine Lernkurve aufwiesen, in der sie durch Üben zu einem automatischen Verhalten gelangten. Die neue Gewohnheit war durchschnittlich nach 66 Tagen erreicht. Bei manchen dauerte es länger, bei anderen ging es schneller.

Wie viel Zeit du für eine Verhaltensänderung brauchst, hängt davon ab, welche Gewohnheit du ablegen möchtest. Jeden Tag einen halben Liter Wasser mehr zu trinken ist sicher leichter, als alle zwei Tage 45 Minuten zu joggen. Die Forscher fanden außerdem heraus, dass es gar nicht so schlimm ist, die neue Gewohnheit einmal zu vernachlässigen. Geschieht das jedoch öfter, wirkt sich das störend auf den Veränderungsprozess aus.

Ist das nicht wie beim Autofahren? Ich erinnere mich noch gut, wie ich den Führerschein machte. Damals fiel mir jeder Handgriff schwer: lenken, den rückwärtigen Verkehr im Rückspiegel kontrollieren, blinken, Schulterblick, einparken … Heute denke ich beim Autofahren nicht mehr darüber nach, wann ich Gas gebe, den Blinker setze, schalte oder bremse. Ich tue es einfach. Genauso funktioniert das, wenn du dein Verhalten im Umgang mit der Zeit verändern willst. Für alles, was du in den folgenden fünf Lektionen erfährst und anwendest, wirst du eine Weile des Übens brauchen, damit es sich festigt. Aber es lohnt sich!

Man lernt nie aus. Und das ist auch gut so. Lass dich deshalb nicht von Rückschlägen entmutigen. Sie gehören dazu, solange du dafür Sorge trägst, dass sie nicht überhandnehmen. Nicht aufgeben! Du hast das Ziel vor Augen: Du wirst deine wertvolle Zeit von der Tempogesellschaft zurückerobern. Du schaffst es, *Meister deiner Zeit* zu werden, wenn:

- du achtsam durchs Leben gehst,
- du dir bewusst machst, dass nur du allein etwas an deiner Situation ändern kannst,
- du der Devise folgst: üben, üben, üben.

> *Konfuzius sagt: Lernen ist eine Tätigkeit, bei der man das Ziel nie erreicht und zugleich immer fürchten muss, das schon Erreichte zu verlieren.*

Durchhalten ist am Anfang besonders wichtig. Auch wenn es dir manchmal zu aufwendig erscheint – bleib am Ball und kehre nicht zu deinem alten, vertrauten Zeitverhalten zurück. Lass dir Zeit, die Erkenntnisse, Methoden und deren tägliche Praxis wirken zu lassen. So findest du zu einer erfüllten und dauerhaften Work-Life-Balance.

Schreibend loslassen

Meisterschaft über die eigene Zeit zu erlangen ist ein ebenso lehrreicher wie spannender Prozess. Du kannst ihn ganz bewusst und intensiv erleben, wenn du ein *Zeittagebuch* führst. Was das bringt? Indem du deine Träume, Wünsche und Ziele schriftlich fixierst, erhöhst du zugleich die Wahrscheinlichkeit, sie auch zu realisieren. Wer aufschreibt, was er sich vornimmt, schafft Verbindlichkeit, wie Robert Cialdini, Autor des Buches »Die Psychologie des Überzeugens«, erklärt. In einer Studie fanden israelische Forscher heraus, dass 92 Prozent ihrer Probanden Dinge tatsächlich umsetzten, wenn sie diese vorher aufgeschrieben hatten. Du verstärkst also die Wirkung deines persönlichen Zeitwandels, wenn du dir neben einem klassischen Kalender, der zur Terminplanung und zum Festhalten deiner To-do-Listen dient, ein Zeittagebuch zulegst und damit arbeitest. Es fördert den Prozess der Selbsterkenntnis, deine Gedanken schriftlich zu fixieren. Du kannst deine Beobachtungen und Erkenntnisse beim Schreiben viel besser verarbeiten, weil dieser Vorgang deinen Denkprozess verlangsamt. Dein Zeittagebuch ist dein bester Freund. Ihm kannst du alles anvertrauen. Der Akt des Schreibens entlastet außerdem deine Psyche, weil Reflektieren das Selbstvertrauen stärkt: Lies deshalb immer wieder einmal in deinem Zeittagebuch nach, was du schon alles geschafft hast und was sich zum Positiven gewendet hat. Das motiviert ungemein!

Es spielt keine Rolle, wie dein Zeittagebuch aussieht, die Hauptsache ist, dass du gern hineinschreibst. Du kannst auch nichts falsch machen. Damit die Wirkung des Schreibens sich voll entfalten kann, gibt es nur eine einzige Bedingung: Sei 100-prozentig ehrlich zu dir selbst! Schreib nicht auf, was du gern hättest. Schreib auf, was ist. So wird dein Zeittagebuch zu einem wichtigen Instrument auf deinem Weg zur Zeitmeisterschaft.

Die Zeit festhalten – dein Zeittagebuch

1 Kauf dir ein schönes Heft oder ein Notizbuch, das du gern zur Hand nimmst. Das ist ab jetzt dein Zeittagebuch.

2 Beantworte die Fragen im folgenden Kapitel immer schriftlich.

3 Halte wichtige Gedanken, Erkenntnisse und Ziele fest.

4 Dokumentiere regelmäßig, wie es dir auf deinem Weg geht.

5 Bedanke dich jeden Abend vor dem Schlafengehen für mindestens drei Zeiterfolge (schriftlich!): Wo und wie hast du heute Zeit gewonnen? Welche Aufgaben sind dir wider Erwarten besonders leichtgefallen oder schnell von der Hand gegangen? Was hat dir besonders viel Spaß gemacht? Welche Aufgabe hast du erfolgreich delegiert?

Lass los,
was dir die
Zeit nimmt

Höchste Zeit für Konfuzius …

… DACHTE DER DRACHE, als er sich beruhigt hatte. Sein Meister wusste in jeder Lebenslage Rat. Wie oft hatte Konfuzius seine Weisheit mit ihm geteilt. Und wie oft hatte Youkong diese Weisheit ignoriert. Die fünf großen Lektionen von Konfuzius enthielten alles, womit man Meisterschaft über die Zeit erlangen konnte: Fokussieren – Reduzieren – Entschleunigen – Balancieren – Selbstbestimmen. Doch wann immer sein Meister ihm eine der Lektionen erteilte, stellten sich Youkong bei der bloßen Vorstellung, etwas an seinem Lebensstil verändern zu müssen, die Nackenschuppen auf. Jedes Wort, das Konfuzius sagte, klang richtig, logisch und sinnvoll. Und immer wenn er seinem Meister zuhörte, war mehr Zeit etwas, das jeder Glücksdrache ganz leicht haben konnte. Aber kaum war Youkong zu seiner Arbeit zurückgekehrt, stand er vor dem gleichen Problem wie zuvor: Er hatte keine Zeit, um ein echter Glücksdrache zu sein. Sobald sich sein Meister außer Reichweite befand, erschien es Youkong viel zu anstrengend, etwas zu ändern. Wie sollte man seine Zeit auch wiederfinden, wenn man sie mal verloren hatte?

»Nicht meine Zeit«, murmelte er vor sich hin. Jetzt wusste er, wie sich das wirklich anfühlte. Diese fremde Welt da draußen vor der Höhle war ihm viel zu schnell und viel zu laut. Wieder einmal wünschte er sich in eine andere Zeit. Nur dieses Mal sehnte er sich ausgerechnet nach seinem früheren Leben. Der Druck und die Verantwortung, die seine Arbeit

> *Konfuzius sagt: Wer nur zurückschaut,*
> *kann nicht sehen, was auf ihn zukommt.*

als Hausdrache mit sich gebracht hatten, erschienen ihm aus der Ferne und in seiner augenblicklichen Not auf einmal gar nicht mehr so schwer. Wie hatte sein Meister immer gesagt? »Konfuzius sagt …«, murmelte er, während eine Träne über seine Wange lief. Damals hatte er die Lektionen seines Meisters nicht verstehen wollen. Was man nicht hören will, versteht man eben oft erst, wenn es zu spät ist, dachte er, während ein Lächeln über sein Gesicht huschte. Dieser Satz hätte auch von seinem Meister stammen können. Wie oft hatte er die Augen verdreht, wenn Konfuzius ihn belehrte. Es war so viel einfacher gewesen, sich über das Leben und den schnellen Lauf im Allgemeinen oder über die erdrückende Verantwortung und die viele Arbeit im Besonderen zu beklagen.

Sein Herz wurde schwer, denn die alte Zeit war unwiederbringlich vorüber. Er hatte die Schönheit und die Freuden seines Lebens nicht sehen wollen. Und nun war es zu spät. In ihrer Einfachheit enthielt die Weisheit des Konfuzius die Lösung für die Probleme mit der Zeit. Denn Lösung bedeutet immer auch, sich von etwas zu lösen, die Fesseln zu sprengen, die einen daran hindern, das zu tun, was man gern möchte: die Fesseln der eigenen Gedanken ebenso wie die Fesseln der Welt, in die man geboren wurde. *Wer loslässt, hat zwei Hände frei.* Wer loslässt, gewinnt nicht nur Zeit, sondern auch einen neuen Blick auf sie. *Wer Altes loslässt, kann*

> *Konfuzius sagt: Die Freude ist überall.*
> *Es gilt nur, sie zu entdecken.*

Neues empfangen. Welch einen Schatz hatte sein Meister ihm überlassen! So wie er die Kraft der konfuzianischen Weisheit ignoriert hatte, taten das offenbar auch die Menschen da draußen. Auf seinem Rundflug durch die hektische Welt vor seiner Höhle hatte er sich davon überzeugen können, dass es den meisten Menschen so wie ihm erging. Sie lebten gegen ihre Natur, hatten alle Hände voll zu tun und waren gar nicht mehr in der Lage, auch nur irgendetwas davon loszulassen.

Vielleicht hatte es ja einen Sinn, dass er seine Zeit verschlafen hatte? Vielleicht war es seine Aufgabe, das Erbe seines Meisters in eine Zeit zu tragen, die seiner Weisheit mehr denn je bedurfte? Hatte sein Meister nicht einmal etwas in der Art gesagt? Fast war es Youkong, als könne er die Stimme des großen Konfuzius hören.

> *Konfuzius sagt: Ein Arzt, der nie selber krank war, ist kein guter Arzt.*

Er war der Arzt, der an der Hetzkrankheit gelitten hatte – und deshalb auch anderen Menschen helfen konnte. Kaum hatte er diesen Gedanken gefasst, fühlte er sich besser. Er hatte eine neue Lebensaufgabe gefunden. Er war vom Hüter der Schätze des Konfuzius zum Hüter seiner Weisheit geworden. Und so kam es, dass sich der Drache entschloss, nach einem 2500 Jahre währenden Schlaf seine Höhle zu verlassen, um die Menschen des 21. Jahrhunderts davor zu bewahren, den gleichen Fehler zu machen wie er. Als Sprachrohr seines großen Meisters Konfuzius wollte er fortan die fünf großen Lektionen verbreiten, die zur Meisterschaft über die Zeit befähigen. Youkong wollte mit der Weisheit des großen Konfuzius die Hoffnungen, Träume, Wünsche und Visionen der Menschen nähren.

Lektion 1: Fokussieren

Du willst etwas gegen den Stress in deinem Leben unternehmen und wünschst dir, besser mit deiner Zeit haushalten zu können? Der erste Schritt dazu heißt Fokussieren. Du kennst diesen Begriff bestimmt aus der Fotografie, wo er so viel wie »scharf stellen« bedeutet. Auf das Thema Zeit übertragen heißt Fokussieren: Beleuchte in deinem Leben, was dir wirklich wichtig ist, und blende alles Unwichtige aus.

Ziele setzen

Viele Menschen lassen im Leben alles auf sich zukommen und setzen sich weder im Berufs- noch im Privatleben Ziele. Sie lassen sich treiben, weil sie glauben, keinen Einfluss auf ihre Zukunft zu haben, weil im Leben sowieso alles von anderen, vom Schicksal oder vom Zufall gesteuert wird.

Menschen, die sich keine Ziele setzen, leiden oft unter Stress, weil sie in einem Ungleichgewicht leben zwischen dem, was sie wollen, und dem, was sie tun.

Wer hingegen einen Lebenstraum, eine Vision oder ein Ziel hat, kann seinem Leben eine Richtung geben und lässt sich auch von Schwierigkeiten nicht bremsen. Denn ein Ziel zeigt dir bereits einen Weg an. Mit einem Ziel vor Augen hast du eine Perspektive und kannst dich darauf fokussieren, was dir wichtig im Leben ist. Während deine Wünsche ohne ein konkretes Ziel nichts als vage Vorsätze bleiben. Denn in ihrer Ungenauigkeit sagen sie meist wenig darüber aus, ob und wie sich deine Vorhaben realisieren lassen.

Konfuzius sagt: Am Baum der guten Vorsätze gibt es viele Blüten, aber wenig Früchte.

Was willst du wirklich?

Du kannst dir Ziele setzen, wenn du Verantwortung für die eigenen Wünsche übernimmst. Und das geht am besten, indem du herausfindest, was du wirklich willst – und was nicht. **Träume muss man festhalten, damit sie sich nicht verflüchtigen. Das erreichst du mit einer Bestandsaufnahme.**

Dazu legst du in deinem Zeittagebuch zuerst einmal eine Art *»Traumliste«* an, die alles enthält, wonach du dich sehnst: ein neues Auto, ein größeres Haus, ein paar Monate Auszeit mit der ganzen Familie im Süden … Du wirst wahrscheinlich feststellen, dass eine solche Liste gar nicht so leicht ist. Denn sofort legt eine innere Stimme in uns ein Veto ein: »Das ist unmöglich! Wie soll das gehen?« Lass dich von deinem inneren Kritiker nicht verschrecken oder einschüchtern. Du hast nichts zu verlieren. Jetzt geht es nur darum, deine Träume, Wünsche und Ziele schriftlich zu fixieren – egal, wie albern oder unerreichbar sie dir auch erscheinen.

Eine Langzeitstudie der Universität Harvard hat gezeigt, dass Studienabgänger, die eine klare – schriftlich formulierte – Zielsetzung vor Augen hatten, später dreimal so viel wie ihre ehemaligen Kommilitonen verdienten, die sich keine konkreten Ziele gesetzt hatten. Deshalb: Je präziser du formulierst, desto näher kommst du deinen Träumen. Nehmen wir zum Beispiel den Wunsch: »Ich würde gern mehr Sport machen, um abzunehmen.« Für einen Menschen, der unter extremer Belastung und Stress steht, klingt das unerreichbar. Er wird sofort anfangen zu zweifeln: »Das geht nicht. Ich kriege ja jetzt schon kaum alles unter einen Hut.« Diese Reaktion ist mehr als verständlich. Denn der Wunsch sagt nichts darüber aus, um welche Sportart es geht, wie viel Zeit dafür nötig ist und was erreicht werden soll. Formulieren wir den Satz hingegen in ein konkretes Ziel um, nimmt der

Wunsch auf einmal Gestalt an: »Ich werde drei Monate lang jeden zweiten Morgen 30 Minuten joggen und insgesamt drei Kilo abnehmen.« Diese Aussage ist genau, realistisch und planbar. Deshalb sucht unser Gehirn sofort nach Lösungen, wie sich das Ziel erreichen lässt. Wenn du bei der Realisierung deiner Träume die folgenden vier Punkte beachtest, wirst du mit großer Sicherheit am Ziel ankommen:

1 Formuliere dein Vorhaben so *präzise* wie möglich. Damit richtest du deinen Fokus auf das Machbare und führst dir zugleich vor Augen, was du tun musst, um dein Ziel zu erreichen.

2 Drücke dein Ziel immer positiv und bejahend aus. Statt »Ich muss mehr Zeit haben für …« sagst du beispielsweise: »Ich will/ ich werde mehr Zeit haben für …«.

3 Hinterfrage selbstkritisch, wie wahrscheinlich es ist, dass du dein Ziel tatsächlich umsetzt. Wenn du selbst schon nicht hinter deinen Vorhaben stehst, wer dann?

4 Gib deinem Ziel einen Termin. Mach konkrete Zeitangaben, wie viel Zeit du für dein Vorhaben benötigst: Wann willst du damit anfangen und bis wann willst du es erreicht haben?

Die Philosophie der kleinen Ziele

Je größer oder je weiter entfernt ein Ziel ist, desto mehr verunsichert uns das. Gibt es etwas in deinem Leben, das du unbedingt realisieren möchtest, das aber viel zu weit weg erscheint? Ein Karrieresprung? Eine Auszeit oder eine Weltreise? Ein Umzug in eine andere Stadt? Ein Jobwechsel? Oder möchtest du nach der Elternzeit wieder ins Berufsleben einsteigen, hast aber keine Ahnung, wie du dieses Ziel erreichen sollst?

Indem du deine großen Ziele in lauter kleine Ziele aufteilst, nimmst du der Aufgabe die riesige Dimension. Denn es spielt keine Rolle, wie groß oder wie weit entfernt das Ziel ist, das du dir gesteckt hast, wenn du klein anfängst. Teilziele

Übung: Bestandsaufnahme machen

Was ist dir wirklich wichtig im Leben? Nimm dir ausreichend Zeit, um mindestens drei Antworten auf jede Frage zu finden. Du kannst auch eine Nacht darüber schlafen und deine Antworten am nächsten Tag überprüfen beziehungsweise vertiefen:

- Was möchtest du in deinem Leben noch erreichen?
- Welche materiellen Wünsche hast du?
- Wofür hättest du gern mehr Zeit?
- Was waren deine größten Erfolge bisher?
- Was waren deine größten Misserfolge?
- In welchen Momenten bist du am glücklichsten?
- Und in welchen besonders unzufrieden?
- Was berührt dich in deinem Innersten?
- Aus welchen Tätigkeiten schöpfst du Kraft?
- Welche Menschen dienen dir als Vorbild (dein Umfeld, berühmte Persönlichkeiten)?
- Welche Stärken und Werte verbindest du mit diesen besonderen Menschen?
- In welchen Augenblicken bist du spontan, gelassen und ganz du selbst?
- Was tust du, wenn du alles um dich herum vergisst?
- Was brauchst du unbedingt, um glücklich zu sein?
- Welche Themen liegen dir besonders am Herzen?
- Was fällt dir besonders leicht im Leben?
- Und was fällt dir besonders schwer?
- Was magst du überhaupt nicht?
- Was magst du sehr?

Übung: Auf vergangene Erfolge blicken

Oft vergessen wir, was wir schon alles im Leben erreicht haben. Schau in dieser Übung einmal zurück auf das, was du bereits alles geleistet und geschafft hast. Halte mindestens drei Erfolge zu jeder Frage in deinem Zeittagebuch fest.

- In welchen Augenblicken deines Lebens warst du besonders stolz auf dich?
- Welche Fähigkeiten und Kenntnisse hast du dir im Lauf deines Lebens angeeignet?
- An welche Erfolgserlebnisse in deiner Kindheit und Jugend erinnerst du dich?
- Welche Prüfungen hast du bestanden?
- Wie hast du deinen Lebenspartner gefunden?
- Wie hast du die Erziehung deiner Kinder gemeistert?
- Welche Probleme hast du in deinem Leben schon zu deiner Zufriedenheit gelöst?
- In welchen Situationen hast du kluge Entscheidungen getroffen?
- Wie hast du deine Arbeitsstelle bekommen?
- Welche großen Projekte hast du beruflich bewältigt?
- Welche sportlichen Leistungen hast du vollbracht?

sind überschaubar, weil sie näher liegen als die ganz großen Ziele. Auf diese Weise siehst du den Weg vor dir und kannst einen Schritt nach dem anderen machen. Sobald du einige deiner Etappenziele erreicht hast, gewinnst du mehr Selbstvertrauen und kannst stolz auf dich sein. Wer die Erfahrung macht, dass er sich in kleinen Dingen auf sich selbst verlassen kann, nimmt auch größere Projekte in Angriff. Du wirst sehen: Dein Ziel ist meist viel näher, als du denkst!

Pläne machen

Ohne Netz kann man keine Fische fangen. Und ohne Plan keine Ziele erreichen. Denn die Aufgaben, die sich auf dem Weg zum Ziel ergeben, wollen gut organisiert sein. Den meisten Menschen fällt es schwer zu planen. Warum eigentlich? Pläne verschaffen uns doch nur Vorteile. Wer plant:

- gewinnt Zeit,
- behält den Überblick,
- vergisst nichts Wichtiges,
- vermeidet Stress und böse Überraschungen,
- erreicht seine Ziele schneller.

Besonders effektiv erreichst du das mit der ALPEN-Methode, einem einfachen, aber bewährten Werkzeug aus dem Zeitmanagement. ALPEN steht für:

- **A**ufgaben und Termine aufschreiben
- **L**änge abschätzen
- **P**ufferzeiten festlegen
- **E**ntscheidungen treffen, Prioritäten setzen
- **N**achkontrolle

Wie das praktisch aussieht, erfährst du jetzt.

Die eigene Zeit planen

Nimm dir vor Beginn jeder Aufgabe ausreichend Zeit, um das, was du vorhast, nach der ALPEN-Methode zu planen. Und wenn du zusätzlich fünf bis zehn Minuten pro Tag für einen Check-up aufbringst, weißt du immer, wo du stehst, was gerade zu tun ist und wie es weitergeht. Eine solche Planung gibt dir ein Gefühl der Sicherheit, Zuversicht und

Konfuzius sagt: Es genügt nicht, zum Fluss zu kommen mit dem Wunsch, Fische zu fangen. Man muss auch ein Netz mitbringen.

füllt dein Netz mit großen Fischen. Die folgenden Fragen helfen dir dabei, deine Pläne und Aufgaben zu konkretisieren. Frag dich einfach bis zum Ziel durch:

- Was habe ich zu tun?
- Wie lange brauche ich?
- Wo könnten Probleme oder Schwierigkeiten entstehen?
- Wer kann mir bei meiner Aufgabe helfen?
- Was ist jetzt wichtig?
- Was ist jetzt unwichtig?

Nehmen wir noch einmal das Beispiel »Ich will mehr Zeit haben, um Sport zu treiben«. Folgendermaßen wird mit der ALPEN-Methode aus einem vagen Vorsatz ein ganz konkreter Plan, den du sofort in Angriff nehmen kannst.

- **A:** Ich will alle zwei Tage 30 Minuten joggen.
- **L:** Das mache ich drei Monate lang, weil ich drei Kilo abnehmen will.
- **P:** Sonntags mache ich eine Laufpause, weil ich den Morgen mit meiner Familie verbringen will.
- **E:** Geteiltes Leid ist halbes Leid. Ich frage zwei Freundinnen, ob sie mit mir eine Laufgruppe gründen wollen.
- **N:** Am Ende jedes Monats prüfe ich, wie es mir geht, welche Veränderungen passiert sind und wie viel ich schon abgenommen habe.

Tag für Tag Zeit gewinnen

Du hast in deiner Bestandsaufnahme eine Reihe von Zielen formuliert und mit der ALPEN-Methode Termine dafür festgelegt. An diesem Punkt kommt die tägliche Planung ins Spiel: Wenn du deine täglichen Ziele planst und erreichst, bekommst du die nötige Routine und Motivation, um auch die großen, weiter entfernt liegenden Ziele anzupacken. Entscheidend bei der Tagesplanung ist, dass du dich auf das konzentrierst, was dir wichtig ist, und dabei Spaß hast. So machst du das Beste aus jedem Tag:

- **Aufgaben:** Notiere alle anstehenden Aufgaben auf einer To-do-Liste. Halte deine Aufgaben so präzise wie möglich fest. Statt »Martina anrufen« schreibst du bereits das gewünschte Ergebnis auf: »Telefonat Martina wg. Organisation Flohmarkt«.

● **Termine:** Trag alle deine Termine in deinen Tagesplan beziehungsweise Kalender ein. Wenn du nicht mit dem Computer arbeitest, verwendest du zur besseren Übersicht am besten einen Bleistift. So kannst du Termine, die sich verschieben, ganz einfach ausradieren.

● **Unerledigtes:** Alle Posten auf deiner To-do-Liste, die du nicht erledigen konntest, überträgst du in deinen Kalender mit einem neuen Termin: Bis wann muss das erledigt werden? Sobald du etwas mehr als einmal verschoben hast, lohnt es sich zu hinterfragen, ob die Sache überhaupt gemacht werden muss. Denn: **Wie wichtig ist dir die Sache tatsächlich, wenn du sie mehrmals aufschiebst?**

● **Unvorhergesehenes:** Wer seinen Tag vollstopft mit Aktivitäten, gerät schnell unter Zeitdruck, weil etwas, womit er nicht gerechnet hatte, die gesamte Planung durcheinanderbringt. Du gewinnst viel Zeit, wenn du Puffer einplanst für Wartezeiten, Verzögerungen oder Probleme, mit denen du nicht gerechnet hast. Und du verhinderst damit unnötigen Stress.

● **Persönliches:** Auch dein Privatleben will geplant sein, schließlich besteht dein Tag nicht nur aus Arbeit. Terminiere deine privaten Termine deshalb genauso wie deine beruflichen und halte dich ebenso verbindlich daran.

● **Erholungsphasen:** Deine Tagesplanung sollte auch Pausen vorsehen, in denen du dich regenerierst. Deine Leistungs- und Konzentrationsfähigkeit kannst du optimal ausschöpfen, wenn du etwa alle 90 Minuten eine kurze Pause machst. Während der Arbeit stehst du beispielsweise vom Schreibtisch auf, öffnest das Fenster und atmest ein paar Mal tief durch. Danach geht es voller Schwung, frisch gestärkt und munter weiter.

Woche für Woche Zeit gewinnen
Für manche Aufgaben oder Ziele brauchst du mehr Zeit als 24 Stunden. Denn ein Tag reicht nicht aus, um für alles Zeit zu haben. Aus diesem Grund ist es ebenso wichtig, die Woche zu planen.

Wer längerfristig denkt und plant, richtet seinen Blick nicht nur auf das, was unmittelbar vor ihm liegt, sondern erweitert seinen Radius auf das, was langfristig wichtig ist. Die Wochenplanung ist deshalb das perfekte Hilfsmittel gegen Hektik, Stress und Zeitdruck.

Eine gute Wochenplanung beginnt bereits am Sonntag. Am besten nimmst du dir dafür mindestens eine halbe Stunde Zeit, beispielsweise am Sonntagnachmittag oder -abend. Auf einer To-do-Liste kannst du zunächst einmal alle Aufgaben sammeln, die in der kommenden Woche anstehen. Anschließend gehst du die Liste durch und überlegst: Was ist mir wirklich wichtig? Was steht als Erstes an? Was bringt mich meinen Zielen näher? Welche Aufgaben bereiten mir Freude und welche mache ich nur ungern? Zur Orientierung dienen dir die Ziele, die du bereits formuliert hast.

Für die Dinge, auf die du deinen Fokus gerichtet hast, räumst du als Erstes Zeit in deinem Wochenplan ein: Das kann Sport sein, um abzunehmen, die Planung des nächsten Karriereschritts, aber auch der Sprachkurs, um für den nächsten Urlaub das Schulenglisch aufzufrischen. Danach überträgst du die Termine und Aufgaben in deinen Kalender beziehungsweise deine tägliche To-do-Liste. **Nicht vergessen: Nimm dir nicht zu viel auf einmal vor!** Wenn du deinen Wochenplan mit Terminen und Aufgaben überfrachtest, läufst du Gefahr, am Ende gar nichts zu schaffen. Denn oft entmutigt oder erschöpft uns bereits der Gedanke an den riesigen Aufgabenberg, der vor uns liegt. Erscheint das Arbeitsvolumen hingegen realistisch und zu bewältigen, machen wir uns

Übung: Regelmäßig Bilanz ziehen

Mithilfe der folgenden Fragen kannst du täglich beziehungsweise wöchentlich Bilanz ziehen und überprüfen, was du schon alles erreicht hast. Richte deinen Fokus ganz bewusst auf deine Erfolge, das motiviert! Halte deine Antworten wieder schriftlich im Zeittagebuch fest:

- Welche Punkte auf deinem Tages- oder Wochenplan hast du erledigt?
- Welche Prioritäten hast du heute und diese Woche gesetzt?
- Was hast du gelernt?
- Hast du dich aufs Wesentliche konzentriert?
- Was hast du besonders gut gemacht?
- Wie hast du Probleme und Störfaktoren beseitigt?
- Wie geht es dir, wenn du deinen Tag, deine Woche Revue passieren lässt?

motiviert und voller Tatendrang an die Arbeit. Das Jahr hat schließlich 52 Wochen – es bleibt also jede Menge Zeit, um deine Ziele zu realisieren. Entscheidend ist, dass du dich auf das fokussierst, was jetzt gerade wichtig für dich ist. Deshalb ist es auch notwendig, die Pausen- und Ruhezeiten einzuplanen. Der Gedanke daran erleichtert uns selbst die schwierigsten Aufgaben und Vorhaben.

Darum: **Mindestens einen Tag pro Woche hast du Ruhetag!**
Jeder Mensch braucht solche Ruhephasen, um wieder neue Kraft und Energie zu schöpfen. Verbring diese Zeit mit deiner Familie, deinen Freunden, geh einem kreativen Hobby nach oder gönn dir ein paar Mußestunden. **Ruhetag heißt übrigens nicht, ein oder zwei Stunden zu arbeiten. Ruhetag heißt überhaupt nicht arbeiten.**

> *Konfuzius sagt: Wer am falschen Faden arbeitet, zerstört das ganze Gewebe.*

Prioritäten verfolgen

Wer sich auf seine Prioritäten konzentriert, arbeitet immer am richtigen Faden und kann seine Ziele mit Ruhe und Gelassenheit verfolgen. Leider erkennen wir das Wesentliche oft gar nicht vor lauter Dringlichem. Wie geht es dir, wenn du auf deine To-do-Liste schaust: Ist die Liste so voll, dass du schon außer Atem kommst, bevor du überhaupt angefangen hast, den ersten Punkt zu erledigen? **Eine To-do-Liste ist nur dann ein hilfreiches Tool, um Pläne zu machen, solange du die Kontrolle darüber behältst.** Also: Hast du beim Planen die Prioritäten im Blick und fokussierst du dich auf die Dinge, die dich voranbringen? Tust du das nicht, ist vieles von dem, was du machst, reine Zeitverschwendung. Manches kostet dich sogar wertvolle Zeit, wenn es nicht zum gewünschten Resultat führt.

Zwischen wichtig und dringlich unterscheiden

Dringendes ist selten wichtig, Wichtiges ist selten dringend. Diesen Satz könnte auch Konfuzius gesagt haben. Mach diese Maxime zum Maßstab deines Handelns und lass dich weder von deiner To-do-Liste noch von anderen Menschen unter Druck setzen. Du konzentrierst dich immer dann nicht aufs Wesentliche, wenn du etwas …

- tust, nur weil es immer schon so gemacht wurde.
- tust, nur weil andere es von dir erwarten.
- unkonzentriert tust.
- unbedingt sofort erledigen willst.
- nicht gerne machst.
- tust, was du nicht kannst.

- vorantreibst, obwohl es nicht läuft.

Auf den ersten Blick halten die meisten Menschen alle Aufgaben für wichtig, die auf ihrer Liste stehen. Wenn du es dir aber genau überlegst, ist doch nur das wichtig, was gut und gesund für dich ist, was dich deinen Träumen, Wünschen und Zielen näher bringt oder was Ergebnisse und Erfolge verspricht.

Dringlich hingegen sind Aufgaben, die bis zu einem bestimmten Zeitpunkt erledigt werden müssen, weil irgendjemand darauf drängt oder danach schreit. Dringlichkeit hat also nichts mit Zielen und Erfolg zu tun, sondern nur mit Zeit und Terminen. Doch gerade die dringlichen – also nicht die wichtigen – Aufgaben bereiten uns sehr oft Stress, Probleme und Druck.

Übung: Prioritäten setzen

1 Nimm dein Zeittagebuch oder deinen Kalender zur Hand und schreibe alle Aufgaben auf, die du in nächster Zeit zu erledigen hast.

2 Anschließend setzt du hinter jede Aufgabe ein W für »wichtig« und ein D für »dringlich«.

3 Alles, was wichtig ist, terminierst du dementsprechend und erledigst es im vorgegebenen Zeitrahmen selbst.

4 Alles, was dringlich ist, unterziehst du einer kritischen Prüfung: Ist der Vorgang wirklich eilig? Musst du ihn tatsächlich selbst erledigen? Kannst du die Aufgabe möglicherweise delegieren? Oder lässt sich der Vorgang vielleicht sogar entsorgen?

5 Achte darauf, täglich genug Zeit freizuhalten für Aufgaben und Projekte, die dir wirklich wichtig sind. Und schütze diese Zeitfenster vor »dringenden« äußeren Umständen.

Der amerikanische Präsident Dwight D. Eisenhower hat eine überaus praktische Methode erfunden, mit der du im hektischen Alltag ganz schnell herausfinden kannst, was jetzt gerade Priorität hat, das sogenannte *Eisenhower-Prinzip,* mit dem du zukünftig deine Aufgaben nach A-, B-, C- und P-Priorität einteilen kannst:

A-Aufgaben sind sehr wichtig und haben zudem einen Termin. Darum solltest du dich immer selbst und zuerst kümmern. Damit das Wichtige nicht plötzlich dringend wird!

B-Aufgaben sind ebenfalls wichtig, aber nicht terminiert. Plane für sie immer einen bestimmten Termin, damit du dich frühzeitig darum kümmern kannst. Sonst passiert es dir ganz leicht, dass du dringliche Aufgaben, die gar nicht wichtig sind, eher erledigst. Denn: Alles, was keinen fixen Termin hat, gerät schnell in Vergessenheit. **C-Aufgaben erfordern viel Zeit, bringen uns unseren Zielen aber nicht näher.** Prüfe genau, ob diese Aufgaben wirklich notwendig sind. Wenn das so ist, kannst du die Aufgabe an jemand delegieren. Wenn nicht, streiche sie einfach.

Die Eisenhower-Methode

	B-Aufgaben terminieren oder delegieren	A-Aufgaben sofort erledigen
Wichtigkeit		C-Aufgaben delegieren

Dringlichkeit

P-Aufgaben sind gar keine Aufgaben. Das P steht für Papierkorb und soll dich motivieren, solche Aufgaben beherzt in der berühmten P-Ablage zu entsorgen.

Das richtige Verhältnis ist entscheidend

Der italienische Ökonom *Vilfredo Pareto* stellte im 19. Jahrhundert eine Formel auf, die Konfuzius vermutlich gefallen hätte: Mit 20 Prozent deiner Arbeit erzielst du 80 Prozent des Ergebnisses. Die restlichen 80 Prozent Arbeit hingegen bringen nur noch 20 Prozent Ertrag. Ein wahrer Meister der Zeit spart sich diese 80 Prozent und investiert seine Zeit lieber in wichtige Dinge. Am richtigen Faden zu arbeiten und sich auf das Wesentliche zu fokussieren bedeutet: eine Entscheidung zu treffen zwischen mehreren Dingen und Möglichkeiten und sich auf die wesentlichen 20 Prozent zu fokussieren. **Du hast stets die Wahl, denn nur du kannst festlegen, was dir wichtig ist.** Und nur du entscheidest, was du tun willst und was nicht.

Übung: Die richtige Wahl treffen

Wenn du deine Aufgaben, Projekte und Tätigkeiten nach dem 80/20-Prinzip abwägst, setzt du die richtigen Prioritäten. Die folgenden Fragen helfen dir dabei, dich schnell zu entscheiden:

- Was ist dir heute wichtig?
- Was hält dich davon ab, diese drei Dinge zu tun?
- Was ist am wichtigsten, am zweitwichtigsten, am drittwichtigsten?
- Was solltest du unterlassen, um dich auf diese drei wichtigen Dinge konzentrieren zu können?
- Wem kannst du unwichtige, aber dringende Aufgaben übertragen?

Die Kraft des Nein-Sagens

Ein Nein ist das wirkungsvollste Mittel, um sich auf die eigenen Prioritäten zu konzentrieren. Männer tun sich manchmal leichter damit als Frauen. Da diese häufig mit Beruf und Haushalt sehr vielen Belastungen ausgesetzt sind, fällt es ihnen schwerer, Prioritäten zu setzen. **Doch wer sich auf das Wesentliche konzentrieren will, muss Nein sagen können.**

Warum sagst du eigentlich manchmal oder sogar oft Ja anstatt Nein, wenn jemand etwas von dir will, das du selbst gar nicht möchtest?

Du …

- … möchtest dein Gegenüber nicht enttäuschen?
- … wünschst dir Zuneigung, Lob oder Anerkennung?
- … willst einen Konflikt vermeiden?
- … möchtest dich der Kritik des anderen nicht aussetzen?
- … machst eher etwas für andere, als deine eigenen Ziele zu verwirklichen?
- … siehst dich selbst als hilfsbereiten und selbstlosen Menschen?
- … willst, dass ein anderer in deiner Schuld steht?

Um Nein sagen zu können, müssen wir erst einmal Ja sagen zu uns selbst und unseren Bedürfnissen: Ja, ich will Zeit für mich haben! Ja, ich will meine Ziele verwirklichen! Ja, ich will Prioritäten setzen! Ja, ich will mein Leben selbst bestimmen!

Nein zu sagen geht leichter, als du denkst, wenn du zukünftig allem eine Absage erteilst, was dich:

- zeitlich überfordert.
- in deinem Können unterfordert (und langweilt).
- in die Situation bringt, dass du ausgenutzt wirst.
- belastet, weil du es eigentlich gar nicht tun willst.

Lass dich nicht entmutigen, wenn sich mit dem Nein dein schlechtes Gewissen zu Wort meldet. Menschen, die nicht gewohnt sind, Nein zu sagen, brauchen eine Weile, bis sie auf ihre eigenen Bedürfnisse

Übung: Das Nein-Training

Kochen, putzen, aufräumen, einkaufen, die Kinder chauffieren, den Anzug deines Mannes aus der Reinigung holen … Du kannst auch zu Hause üben, die vier magischen Buchstaben zu formulieren, indem du laut und deutlich sagst: »Nein, ich kann das gerade nicht tun.« Terminiere stattdessen alles, was auf dich zukommt. Zum Beispiel so: »Nein, ich habe jetzt eine Stunde lang keine Zeit.« Diese Stunde verbringst du mit etwas, das du gern tust. Vielleicht willst du einfach nur in der Badewanne entspannen, ein Buch lesen, ein Telefonat führen. Ganz egal, es geht darum, deine eigenen Bedürfnisse zu befriedigen. Du hast alle Zeit der Welt verdient. Nach Ablauf dieser Stunde kannst du dann tun, worum man dich gebeten hatte.

Das Gute an dieser Übung: Sobald du das Neinsagen zu Hause beherrschst, wird es dir auch im Job leichtfallen!

hören. Du kannst das Neinsagen trainieren – und zwar so lange, bis dein schlechtes Gewissen nachlässt. **Denn das ist der Trick dabei: sich nicht schuldig zu fühlen.** Am besten fängst du in alltäglichen Situationen damit an, das Neinsagen zu üben: Wenn sich im Supermarkt jemand an der Käsetheke vordrängelt. Wenn dir im Restaurant das Essen nicht schmeckt. Oder wenn der Kellner dich an einem Tisch neben der Toilette platziert.

Zum Üben gehört natürlich auch die richtige Strategie des Neinsagens. Ein Nein geht viel leichter über die Lippen mit:

- **Charme:** Zeig deinem Gegenüber auf charmante Art und Weise, dass du dich für seine Belange interessierst, auch wenn du etwas ablehnen musst. »Ich würde diese

Aufgabe sehr gern übernehmen, sehe aber keine Möglichkeit dazu, weil ich bis nächste Woche voll mit Terminen bin.«

● **Dank:** Derjenige, der dir eine Aufgabe übertragen will, traut dir zu, diese zu erfüllen. Bedanke dich für dieses Vertrauen, das man dir entgegenbringt – und lehne dankend ab.

● **Verständnis:** Dein Gesprächspartner wird dein Nein leichter akzeptieren, wenn du Verständnis zeigst. Zum Beispiel: »Ich verstehe, dass du meine Hilfe benötigst, kann deiner Bitte aber gerade nicht nachkommen, weil ich morgen einen wichtigen Abgabetermin für ein Projekt habe.«

● **Entgegenkommen:** Du kannst deinem Gegenüber auch entgegenkommen, indem du einen Lösungsvorschlag oder eine Alternative formulierst: »Ich kann dir leider nicht weiterhelfen. Aber ich kenne jemanden, der das für dich erledigen kann.« Oder: »Solltest du bis nächste Woche noch auf der Suche

nach Unterstützung sein, melde dich gern noch einmal.«

Lektion 2: Reduzieren

Weniger ist mehr – dieser Satz ist mehr als eine Binsenweisheit. Denn je komplexer und stressiger sich unser Leben gestaltet, desto mehr sehnen wir uns nach einfachen Formen und Strukturen. Zu viel Auswahl blockiert uns nämlich: in unserem Verhalten, in unseren Entscheidungen und in unserem Sein. Das gilt für deine Wohnung und deinen Arbeitsplatz genauso wie für deine Beziehungen und dein Seelenleben.

Wenn du dich von allem trennst, was dir nicht (mehr) entspricht, schaffst du Platz – für mehr Zeit und mehr Leben.

Also nimm dir Zeit und denk darüber nach: Was brauchst du tatsächlich, um wirklich glücklich und zufrieden zu sein? Auf was kannst du verzichten?

Das Leben vereinfachen

Ein ruhiges Leben auf dem Land, umgeben von der Schönheit der Natur. Ein schlichtes Heim, das nur mit wenigen Möbeln eingerichtet ist. Ein ordentlicher und übersichtlicher Arbeitsplatz. Ein leckeres Essen, das mit wenigen, aber natürlichen und qualitativ hochwertigen Zutaten zubereitet ist. Ein übersichtlicher Kleiderschrank, der die morgendliche Kleiderwahl erleichtert. Klingt das nicht verheißungsvoll, wohltuend und befreiend? Die Realität sieht meist anders aus: Unser Zuhause entpuppt sich als 24-Stunden-Job. An die Kosten für Miete oder die monatlichen Raten, um es abzuzahlen, wollen wir gar nicht denken. Die modernen Kommunikationsmittel wie Handy oder E-Mail, die uns eigentlich das Leben erleichtern sollten, entpuppen sich für viele Menschen als Stressquelle, weil sie uns nonstop verfügbar machen und vom Wesentlichen ablenken.

Wen wundert es da, dass der Trend zum einfachen und überschaubaren Lebensstil geht? In den USA entstand eine gesellschaftliche Bewegung namens Tiny House Movement, die das Leben auf Mini-Wohnraum propagiert. Familien, Paare oder Singles leben oft auf nicht mehr als 20 oder 30 Quadratmetern. Was zunächst wie ein Albtraum klingen mag, ist tatsächlich ein simples und schlüssiges Konzept. Wer auf kleinem Fuß lebt, gewinnt Zeit, weil:

- Aufräumen und Putzen weniger lang dauert;
- Miete und Instandhaltung weniger kosten;
- nichts Überflüssiges belastet oder ablenkt;

● man sich aufs Wesentliche konzentrieren kann;

● man dadurch sehr viel mehr Zeit für seine Familie, Freunde und Hobbys hat.

Das klingt ja fast nach Wohnen wie Diogenes, der sich sein Leben in einer Tonne eingerichtet haben soll. Diogenes von Sinope (* um 412, † 323 v. Chr.) war ein griechischer Philosoph und Begründer des Kynismus, einer philosophischen Bewegung, die nach Natürlichkeit und Bedürfnislosigkeit strebte: Wer nichts hat und nichts braucht, dem kann man auch nichts wegnehmen. Wohingegen ein Leben in geistiger wie materieller Abhängigkeit unfrei und unglücklich macht.

Das mag vor Tausenden von Jahren funktioniert haben, aber wie soll das heutzutage funktionieren? Die folgenden drei Prinzipien helfen dir dabei, dein Leben im Handumdrehen zu vereinfachen.

Übung: Das Lebensnotwendige

Erstelle in deinem Zeittagebuch eine Liste mit allem, was du wirklich zum Leben brauchst. Die folgenden Fragen geben dir dabei eine Hilfestellung:

● Welche Menschen sind dir sehr wichtig?

● Wonach sehnst du dich am meisten?

● Worauf kannst du überhaupt nicht verzichten?

● Wie sollte dein idealer Wohnraum aussehen?

● Was sind deine Lieblingsklamotten?

● Womit beschäftigst du dich am liebsten?

● Was hast du als Kind am liebsten gemacht?

● Was würdest du auf eine einsame Insel mitnehmen?

● Wann fühlst du dich wohl?

Das Bedürfnis-Prinzip

Du musst nicht mit deiner Familie in eine Tonne ziehen und auch nicht in einem Minihaus wohnen. Aber es lohnt sich zu hinterfragen, was unser Leben unnötig belastet und was uns wirklich glücklich macht. Mit dem *Bedürfnis-Prinzip* konzentrierst du dich auf die Frage: Was brauche ich wirklich zum Leben? Bei den meisten Menschen sind das die ganz einfachen Dinge: Der Duft einer Frühlingswiese. Das Lächeln ihrer Lieben. Die Sonnenstrahlen, die sie wärmen. Kinder brauchen am allerwenigsten, um glücklich zu sein. Sie können sich am Augenblick erfreuen und sich voller Leidenschaft dem hingeben, was sie gerade tun. Willst du die Einfachheit eines Kindes wiederentdecken?

Das Jetzt-Prinzip

Eine Vielzahl von täglichen Aufgaben und Entscheidungen machen unser Leben unnötig kompliziert, weil wir sie vor uns herschieben. Der Grund dafür: Wir blockieren uns selbst, weil es sich um etwas Unangenehmes, Langweiliges oder Schwieriges handelt. Doch alles, was liegen bleibt, überfordert uns irgendwann, wenn der Berg an Arbeit nicht mehr zu bewältigen ist: Zu Hause türmt sich die Bügelwäsche, im Büro wird die Rückrufliste immer länger, der Stapel »unerledigte Projekte« droht umzufallen und deine To-do-Liste ist von oben bis unten mit dringlichen Aufgaben vollgekritzelt.

Dabei bringt Aufschieben gar nichts: Denn was wir nicht innerhalb von drei Tagen anpacken, schieben wir meist immer weiter vor uns her. Doch das muss nicht sein! Ab sofort lautet dein Motto: **Wenn nicht jetzt, wann dann?** Was sich nach dem *Jetzt-Prinzip* erledigen lässt:

- Alle Aufgaben, die du zeitlich überschauen kannst, erledigst du sofort. Briefe oder E-Mails, die eine kurze Antwort oder ein schnelles Feedback benötigen: Umgehend beantworten!

- Telefonate, die nicht viel Zeit in Anspruch nehmen: Sofort anrufen! Vorgänge, die abgelegt werden müssen: Ab in den Ordner! Aufgaben, die verteilt werden müssen: Jetzt abgeben!

- Was zeitaufwendiger wird, hältst du auf deiner To-do-Liste mit einem Termin fest. So bleibt die Liste schlank, du behältst die Kontrolle über deine Aufgaben und hast jede Menge Erfolgserlebnisse, weil du so viel schaffst.

Das *Jetzt-Prinzip* hat viele Vorteile, die dein Leben erleichtern: Du gewinnst Zeit, weil du dich nicht zweimal mit einem Thema beschäftigen musst. Du kannst das Thema endgültig abhaken, statt es – zumindest passiv – im Kopf zu behalten. Du vergisst weniger, weil du zu jeder Zeit die Übersicht über deine Aufgaben hast. Du machst weniger Fehler, weil du die Kontrolle behältst. Und du hast den Kopf frei für wichtige Dinge, weil dir keine unerledigten Aufgaben mehr im Nacken sitzen. Das spart auf Dauer richtig viel Zeit und Stress. Denn es geht nicht darum, voller Arbeitswut alles sofort und auf einmal zu tun. Das wäre Multitasking – und funktioniert nicht. Das Jetzt-Prinzip hält dich dazu an, die Aufgaben zu erledigen, die *jetzt* wichtig sind, und das immer der Reihe nach.

Übung: Der 5-Minuten-Job

Geh die To-do-Liste mit unerledigten Aufgaben und Projekten durch und frag dich bei jedem Vorgang: »Was beansprucht nur maximal fünf Minuten meiner Zeit?« Anschließend bündelst du die Tätigkeiten, die sich ähneln: Erst alle Telefonate führen, dann E-Mails schreiben, danach Ablage machen… Das spart zusätzlich Zeit, weil du gedanklich nicht hin- und herspringen musst.

Das »Lass andere für dich arbeiten«-Prinzip

Delegieren erleichtert dir den Alltag, das gilt fürs Berufs- wie fürs Privatleben. Egal, ob Angestellter, Freiberufler oder Hausfrau – jeder kann und soll delegieren. Denn es ist nicht effizient, alles selbst zu machen: Wenn du etwas tust, das ein anderer besser kann als du, vergeudest du deine Energie. Wenn du etwas tust, das ein anderer schneller kann als du, vergeudest du deine Zeit. Und wenn du etwas tust, das ein anderer lieber tut als du, vergeudest du dein Lebensglück – und das des anderen dazu. Willst du das wirklich?

Was sich alles delegieren lässt: Arbeiten, die eilig, aber nicht wichtig sind. Routineaufgaben, organisatorische Tätigkeiten, Erledigungen. Eigentlich alles, wozu du keine Lust oder keine Zeit hast oder was du nicht kannst oder nicht magst. Du willst oder kannst nicht delegieren? Hinter dieser Einstellung verbirgt sich häufig eine »Ich mach alles lieber selbst«-Mentalität, die in der Regel eine der folgenden Ursachen hat:

- Du zweifelst daran, dass andere ausreichend Erfahrung haben, um eine Aufgabe zu übernehmen.
- Du traust einem anderen nicht zu, die Aufgabe zu erledigen.
- Du glaubst, es geht schneller, wenn du alles selbst machst.
- Du fürchtest, den Überblick oder die Kontrolle zu verlieren, wenn du etwas abgibst.
- Du hast Angst um deinen Arbeitsplatz, wenn ein anderer etwas besser macht als du.

Hand aufs Herz: Trifft davon etwas auf dich zu? Dann mach dir klar: Delegieren ist sinnvoll, weil du dir damit viel Zeit freischaufelst, die du für die Dinge nutzen kannst, die du gern machst. Darüber hinaus förderst du die Selbstständigkeit der Menschen, an die du delegierst, beispielsweise die deiner Kinder. Indem du ihnen anspruchsvolle Aufgaben zutraust, stärkst du ihr Selbstwertgefühl.

Perfekt delegieren in fünf Schritten

Schritt 1:

Als Erstes wägst du ab, ob du eine Aufgabe selbst übernehmen oder jemandem delegieren willst. Wenn du mehr als zwei der folgenden Fragen mit Ja beantwortest, solltest du dich selbst an die Arbeit machen. Bei mehr als zwei Nein heißt es: Überlass die Arbeit einem anderen!

- Macht dir diese Aufgabe Spaß?

  Ja – Nein

- Machst du diese Aufgabe schneller, besser oder günstiger als andere Menschen?

  Ja – Nein

- Musst du die Aufgabe übernehmen, weil sie in deinen Verantwortungsbereich fällt?

  Ja – Nein

Schritt 2:

Wer ist der Richtige für diesen Job? Delegiere nicht in letzter Minute, sondern gib den Menschen, denen du eine Aufgabe überträgst, ausreichend Zeit, sie auszuführen.

Schritt 3:

Anschließend erklärst du demjenigen genau, was er zu tun hat. Nimm dir genug Zeit dafür. Setz einen Termin fest, bis wann die Aufgabe fertiggestellt sein soll.

Schritt 4:

Ist die delegierte Aufgabe erledigt, kontrollierst du sie, um Fehler zu vermeiden.

Schritt 5:

Ganz wichtig ist ein konstruktives Feedback, das dein Gegenüber fürs nächste Mal motiviert und ihm zeigt, wo er sich gegebenenfalls noch verbessern kann. Im Idealfall gibt es ein Lob!

Den Lebensraum befreien

Der Mensch ist ein Jäger und Sammler. Statistisch betrachtet besitzt jeder von uns durchschnittlich etwa 10 000 Gegenstände. Aber brauchen wir wirklich alle? Das x-te Paar Schuhe, die x-te Jeans, das x-te Handy, den x-ten Lippenstift? Je mehr Ballast wir ansammeln, desto mehr nehmen wir uns damit die Luft zum Atmen. Die schönen Dinge mögen uns anfangs Freude bereiten, doch manche entwickeln sich mit der Zeit zur Belastung. Ob Auto, Kleidung, Hightechgeräte oder Nippes: Wir müssen hart arbeiten, um all das zu bezahlen. Wir müssen putzen, um es sauber zu halten. Wir ärgern uns, weil alles irgendwann einmal kaputtgeht. Diese Dinge anzuschaffen und instand zu halten kostet unser Geld, unsere Zeit und Energie!

Überflüssigen Ballast loslassen

Ordnung schafft Freiheit. Indem du Klarheit und Einfachheit in alle Bereiche deines Lebens bringst, sorgst du damit zugleich für Entspannung und Zufriedenheit. **Wenn du dich nach Freiheit sehnst, ist es Zeit, dich von allem zu trennen, was dir nicht mehr entspricht.** Im Kleinen und im Großen: Das kann das Haus sein, das ohnehin zu viel Unterhalt kostet und zu viel Zeit in Anspruch nimmt, um es sauber zu halten. Das kann aber auch der Inhalt deines Kleiderschranks sein, der fast aus allen Nähten platzt. Oder das Gerümpel in der Garage, das seit langem von einer zentimeterdicken Schicht Staub bedeckt ist.

Das sagt der momentane Zustand der einzelnen Räume, in denen du lebst, über dich und dein aktuelles Seelenleben aus:

- **Keller (Vergangenheit):** Ist er vollgestopft mit altem Gerümpel, kannst du dich fragen: Was belastet mich schon lange? An welchem seelischen Gerümpel halte ich fest?
- **Flur (äußerer Eindruck):** Was sieht man zuerst, wenn man zu dir nach Hause kommt? Wie gestaltet sich dein Verhältnis zu anderen Menschen?
- **Wohnzimmer (Herz):** Was verrät das Zentrum deines Lebensraumes über deinen Gefühlszustand? Wie geht es dir?
- **Küche (Bauch):** Achtest du auf deine Gesundheit? Sorgst du gut für dich?
- **Kleiderschrank (Körper):** Fühlst du dich leicht und beweglich? Oder belastest du dich mit zu vielen Dingen?
- **Dachboden (Zukunft):** Ein vollgestopfter Dachboden blockiert dein Wachstum. Gibt es Dinge, die du gern tun würdest, aber einfach nicht in Angriff nimmst? Oder hast du Wünsche und Ideen, die du jedoch nicht umsetzt?

Mach einen Rundgang durch deine Wohnung oder dein Haus, um zu überprüfen, was du schon lange nicht mehr gebraucht oder getragen hast. An diese Dinge klebst du ein Post-it. Anschließend nimmst du eine große Kiste, in die alles Markierte kommt. Eine kleine Loslass-Hilfe: **Was du über zwei Jahre nicht mehr in der Hand hattest, wirst du auch in Zukunft nicht brauchen.** Nach dieser Methode kannst du deinen gesamten Haushalt entlasten. Gehe alle Lebensbereiche systematisch durch:

- **Kleiderschrank:** Was hattest du seit Jahren nicht mehr an? Was ist dir zu klein geworden? Was steht dir nicht oder passt nicht mehr zu dir?
- **Küche:** Welche Geräte benutzt du täglich oder regelmäßig zum Kochen? Was kommt nur alle paar Jahre (wenn überhaupt) zum Einsatz, nimmt aber viel Platz weg oder steht ständig im Weg?
- **Badezimmer:** Welche Toilettenartikel oder Medikamente

brauchst du regelmäßig? Welche Produkte sind nur Staubfänger? Wo ist das Haltbarkeitsdatum längst schon abgelaufen?

● **Keller/Speicher:** Was lagert schon seit Jahren unbesehen in irgendwelchen Kisten? Welche alten Möbelstücke wirfst du nicht weg, obwohl du sie nie wieder zurück in deinen Wohnraum holen wirst? Wie viele Kleidersäcke warten auf die Altkleidersammlung?

● **Schreibtisch/Regal/Ordner:** Wie viel Bürokram – Stifte, Radiergummis, Textmarker, Klebstoff – liegt unordentlich in den Schubladen deines Schreibtischs oder gar auf der Schreibtischplatte? Welche Papiere oder Unterlagen musst du aufheben? Was nicht mehr gebraucht wird, kann in den Papierkorb. Welche Verträge oder Versicherungen sind noch gültig? Was benötigst du tatsächlich? Alle überflüssigen Policen kündigen. Das spart zudem Geld.

Noch ein Tipp für notorische Sammler: Solltest du dich nur schwer von alten Sachen trennen können, nimm eine zweite Kiste dazu, in die alles kommt, was du noch nicht weggeben möchtest. Diese Kiste stellst du in den Keller. Anschließend notierst du in deinem Kalender einen Termin zwölf Monate später, an dem du die Kiste noch einmal einem Check unterziehst. Wenn du die Sachen zwölf Monate lang nicht vermisst hast, heißt es: *Weg damit!*

Mit den folgenden fünf »Entschlackungsregeln« kannst du dich in Zukunft vor der Diktatur des Ballasts schützen:

1 Kaufe nur, was du wirklich brauchst!

2 Wenn du etwas Neues anschaffst, wirf etwas Altes weg!

3 Reduziere die Anzahl der Flächen, die sich vollstellen lassen!

4 Räume alles, was du benutzt, sofort an den Ort zurück, wo es hingehört!

5 Frage dich bei allem, was du zukünftig anschaffst: Brauche ich das wirklich, um glücklich zu sein?

 ## Übung: Den Schreibtisch entrümpeln

Arbeit macht keinen Spaß, wenn wir keinen Raum haben, uns zu entfalten. Nimm dir deshalb einen halben Tag Zeit, um deine Unterlagen im Büro oder zu Hause zu ordnen. Geteiltes Leid ist halbes Leid, wenn du dich zum Beispiel mit Kollegen zum Aufräumen verabredest:

1 Du brauchst einen Papierkorb oder eine Mülltüte.

2 Dann gehst du Unterlage für Unterlage durch und stellst dir jedes Mal die folgenden beiden Fragen: »Wie lange dauert es, bis dieser Vorgang fertiggestellt ist? Wann werde ich den Vorgang bearbeiten?«

3 Vorgänge, die weniger als fünf Minuten (siehe Seite 72) brauchen, erledigst du sofort. Es würde viel zu viel Zeit in Anspruch nehmen, später noch einmal von vorn anzufangen.

Außerdem hält dich ein zu großer To-do-Stapel eher davon ab, die Projekte später abzuarbeiten.

4 Vorgänge, die mehr Zeit in Anspruch nehmen, terminierst du konkret und notierst den Beginn und das Ende der Arbeit im Kalender.

5 Außerdem legst du eine Prioritätenliste an, in der du die Vorgänge nach Terminen ordnest.

6 Alle Unterlagen, die zur Information dienen, legst du auf einen Stapel, den du gelegentlich in Ruhe durchliest.

7 Alle Unterlagen, die nicht abgelegt werden müssen, wandern sofort in den Papierkorb. Sei kritisch! In der Regel kannst du sehr viel mehr wegwerfen, als du meinst!

8 Genieße das Gefühl, alle Aufgaben im Blick und einen aufgeräumten Schreibtisch zu haben.

Den Seelenmüll entsorgen

Manche Menschen hadern mit ihren Problemen, andere jammern oder schimpfen, wieder andere verdrängen sie oder machen andere dafür verantwortlich. Doch ein solches Vorgehen hilft uns nicht weiter, weil wir damit weder die Probleme lösen noch unsere Sorgen loswerden. Im Gegenteil: Wir vergeuden sogar kostbare Lebenszeit damit. Denn die Sorgen holen uns besonders gern ein, wenn wir gerade einen Moment zur Ruhe kommen: während der Mittagspause, abends vor dem Einschlafen, am Wochenende oder im Urlaub. Hand aufs Herz: Wie oft quälen dich Sorgen und negative Gedanken, wann hast du Zeit zum Durchatmen? Das geht den meisten Menschen genauso!

Wir können schlecht abschalten. Kaum gönnen wir uns ein paar Minuten Ruhe, kreisen schon die Gedanken. Sobald wir die Füße hochlegen, ergreift uns die Unruhe: Wir machen uns Sorgen um die Familie; wir haben ein schlechtes Gewissen, weil eigentlich noch so viel zu tun ist; wir malen uns im Geiste die schlimmsten Folgen eines Problems aus; oder wir gehen zum hundertsten Mal in Gedanken ein Gespräch durch, bei dem wir nicht schlagfertig genug waren. **Ruhephasen sind Ruhephasen. Lass nicht zu, dass dir ein Problem die kostbare Zeit der Regeneration raubt.** Du hast mehrere Möglichkeiten, um das zu verhindern. Probiere eine der folgenden Strategien oder auch alle aus, um herauszufinden, was dir am besten hilft.

1. Das Problem terminieren

Es bringt nichts zu jammern, zu schimpfen, zu klagen oder zu verdrängen. Damit machst du alles nur noch schlimmer. Das Wichtigste ist in solchen Momenten, sachlich und realistisch zu bleiben. Sag dir lieber: »Ich habe zwar gerade ein riesiges Problem, aber wenn ich vernünftig vorgehe, werde ich meine Schwierigkeiten meistern.« Erstelle für diesen Problemfall eine Prioritätenliste in deinem Zeittagebuch. Das hilft dir nicht nur, wenn du viele Dinge auf einmal zu erledigen hast, sondern funktioniert genauso gut bei Problemen. Dazu schreibst du erst einmal alle Probleme untereinander auf. Anschließend legst du eine Reihenfolge fest: Welches ist das größte Problem? Welches das zweitgrößte? Das drittgrößte? Danach gibst du jedem Problem einen Termin: Das größte Problem siehst du dir in Ruhe am gleichen Abend näher an. Das zweitgrößte Problem kommt am nächsten Morgen dran. Das dritt-

größte am nächsten Abend. Indem du den dicken Problemknoten entwirrst, verschaffst du dir zugleich einen Überblick: Das macht dich ruhiger und deine Probleme überschaubarer. Vielleicht fällt dir ja bereits ein erster Lösungsansatz ein, dann mach dir eine Notiz in deinem Zeittagebuch.

2. Sich ablenken

Abwarten und Tee trinken, besagt eine alte Redensart. Eine andere empfiehlt, Probleme einmal zu überschlafen. Warum funktionieren diese Verzögerungstaktiken? Ihre Richtigkeit ist wissenschaftlich belegt: **Unser Gehirn braucht nämlich eine Zeit lang, um die Probleme zu ordnen.** Ist das geschehen, erscheint uns alles nur noch halb so schlimm. Du solltest deshalb lieber auf vorschnelle Reaktionen verzichten und deinen Gedankenmüll zunächst beiseiteschieben. Lass ein bisschen Zeit vergehen. Das geht am besten, wenn du dich mit einfachen Aufgaben zerstreut: putzen, bügeln, Gemüse schneiden, im Garten arbeiten, das Auto waschen … Es geht darum, mithilfe einer gleichförmigen automatischen Arbeit gedanklich zur Ruhe zu kommen und die Seele zu entlasten. Das ist ähnlich wie bei einer Meditation – und noch dazu nützlich, denn auf diese Weise kannst du gleich noch ein paar Aufgaben von deiner To-do-Liste streichen.

3. Den Sinnen vertrauen

Wenn dir alles über den Kopf wächst, besinne dich auf deinen besten Freund: die Natur. **Geh eine halbe Stunde draußen spazieren: im Wald, im Park, im botanischen Garten, in der Grünanlage. Atme tief durch und lass deinen Blick verweilen, wo dir etwas gefällt. Studiere die Natur um dich herum ganz aufmerksam. Und lass zu, dass diese schlichte Schönheit deine Sinne erfrischt. Nimm einfach nur die Realität um dich herum wahr:** Wie sehen die Bäume aus? Welche Farbe, Form, Struktur haben die Blätter? Wie fühlt sich das Gras an? Wie riecht es um dich herum? Hörst du das Zwitschern der Vögel? Spürst du den Boden unter deinen Schuhsohlen? Dieses pure »Schauen mit allen Sinnen« macht deinen Blick auf die Welt wieder klar, weit, offen, liebevoll und achtsam.

4. Die Perspektive wechseln

Probleme lassen sich am leichtesten in Angriff nehmen und lösen, wenn man sie aus unterschiedlichen Blickwinkeln betrachtet. Dazu formulierst du dein Problem zuerst einmal so präzise wie möglich in deinem Zeittagebuch. Anschließend beantwortest du folgende Frage: Was kann im schlimmsten Fall geschehen? Mal dir die katastrophalsten Folgen aus und überleg dir, wie du im Ernstfall reagieren würdest.

Du kannst das Problem auch aus der Perspektive eines Menschen betrachten, den du sehr schätzt: Wie würde dieser Mensch das

Übung: Probleme von der Seele schreiben

Wenn du ein Problem hast, das dich sehr belastet, kannst du es dir von der Seele schreiben. Das geht am besten in einem Brief an dich selbst. Schreiben hat eine therapeutische Wirkung und entlastet dich von aufgestautem Seelenmüll. Diesen Effekt erzielst du allerdings nur, wenn du, statt zu jammern, offen und ehrlich über deine Probleme und mögliche Lösungswege nachdenkst.

Bei dieser Übung geht es nicht darum, einen perfekten und druckreifen Brief zu formulieren, sondern alles, was dich bewegt, ganz spontan aufzuschreiben. So, als würdest du deiner besten Freundin dein Herz ausschütten. Wichtig ist, dass du dich entlastest, indem du deine Gedanken ordnest. Die folgenden Fragen helfen dir dabei, dein Problem einzukreisen:

- Was lastet dir auf der Seele?
- Was genau ist passiert?
- Was kannst du jetzt gerade tun, damit es dir wieder besser geht?
- Hast du früher schon einmal ein solches Problem erlebt?
- Wenn ja, wie hast du es damals gelöst?
- Gibt es etwas, wofür du dankbar sein kannst in der augenblicklichen Situation?

Sobald du fertig bist, steckst du den Brief in einen Umschlag. Du musst ihn nicht abschicken. Es reicht, wenn du nach 24 Stunden noch einmal liest, was du geschrieben hast. Auch wenn es zunächst unwahrscheinlich klingen mag: Meist hat sich schon einiges getan, was du mit dem nötigen Abstand erkennen wirst.

Problem wahrnehmen und lösen? Dieser fremde Blickwinkel erleichtert es dir, deine eigene Situation besser zu bewerten. Idealerweise findest du dank der kompetenten fremden Perspektive vielleicht sogar erste Lösungsansätze.

Du kannst dein Problem auch aus der Zukunftsperspektive betrachten, indem du dich fragst: Wie denke ich in einem Monat, in einem Jahr, in zehn Jahren darüber? Wird mich dieses Problem dann noch belasten? Heute kannst du vermutlich über viele Dinge lachen, die dir vor ein paar Jahren ganz furchtbar oder riesig erschienen.

Lektion 3: Entschleunigen

Du hast dich auf Seite 40/41 schon mit diesen Fragen beschäftigt: Wie schnell bewegst du dich durchs Leben? Hetzt du von Termin zu Termin? Oder rennst du deinen Zielen ständig hinterher? Die Tempogesellschaft schätzt Geschwindigkeit. Menschen, die unaufhörlich in Bewegung sind, erwecken den Eindruck, beschäftigt und damit wichtig zu sein. Doch wer der Hektik des Alltags entkommen will, muss entschleunigen. Der Stress lässt sich nicht einfach abschalten – aber du kannst abschalten!

Zur Ruhe kommen

Ein ruhiger Mensch strahlt Stärke und Souveränität aus und vermittelt uns ein Gefühl der Sicherheit. Warum? Weil er im Gegensatz zu den Menschen, die hektisch und gestresst herumwirbeln, den Eindruck macht, alles im Griff zu haben. Mit dieser Ruhe wird man nicht geboren, diese Ruhe »er-holt« man sich. Wenn du dich nach äußerer und

Konfuzius sagt: In der Ruhe liegt die Kraft.

innerer Ruhe sehnst, ist es notwendig, dir bewusst Ruhe zu gönnen. So kommst du in drei Schritten zur Ruhe und machst sie zu einem festen Bestandteil deines Lebens:

Schritt 1: Zeitgefühl entwickeln

Physikalisch betrachtet bleibt eine Stunde immer eine Stunde. Und doch empfinden wir diese Stunde ganz unterschiedlich, je nachdem, was wir gerade tun. Beim ersten Date mit dem Liebsten vergeht die Zeit wie im Flug. Doch während wir auf das Ergebnis einer Prüfung warten oder beim Zahnarzt sitzen, kriechen die Zeiger der Uhr nur so

dahin. **Wir haben es in der Hand, wie wir die Zeit wahrnehmen: als Lust oder als Last!** Wir können sie genießen oder unter ihr leiden. Wir können sie erleben oder totschlagen. Wir können sie anhalten oder ihr hinterherlaufen. Wie empfindest du Zeit?

Schritt 2: Einen Ruhetag einlegen

Die Woche hat sieben Tage – und nicht alle sollten mit Arbeit und Pflichten gefüllt sein. Jeder Mensch hat das Recht, sich einmal pro Woche einen freien Tag zu gönnen (siehe auch Seite 61).

Übung: Das eigene Zeitgefühl testen

Setz dich an einen ruhigen Ort und schau auf die Uhr. Danach schließt du die Augen und öffnest sie erst wieder, wenn du glaubst, dass eine Minute vergangen ist. Ist weniger oder mehr als eine Minute vorüber, dann ist dein Zeitempfinden aus dem Gleichgewicht geraten. Nimm dir ab heute jeden Tag 60 Sekunden Zeit, um diese Übung zu machen. Du wirst schon bald feststellen, dass dein Zeitgefühl von Minute zu Minute mehr in Balance kommt.

So planst du Ruhephasen richtig:
Reserviere dir ganz bewusst Pausen,
wenn du deine Wochenplanung
machst. Trag diese Ruhephasen
der kommenden Woche bereits am
Sonntag in deinen Kalender ein.
Das motiviert dich, weil du neben
den anstrengenden Terminen bereits die Pausen siehst, auf die du
dich freuen kannst. An welchem
Tag hast du Ruhetag? Welche Zeit
reservierst du täglich für die Mittagspause? Wo kannst du frühzeitig
Zeit blockieren für eine kurze Kaf-
fee- oder Teepause zwischendurch?
Markiere diese Zeiten gut sicht-
bar und vielleicht auch in bunten
Farben in deinem Kalender. Nimm
diese Ruhezeiten genauso ernst
wie deine beruflichen Verpflichtungen. Dein Wohlbefinden und deine
Gesundheit sollten oberste Priorität
haben. Sonst zwingt dich dein Körper irgendwann zur Dauerpause.

Schritt 3: Ruhe trainieren

Die Weltgesundheitsorganisation
(WHO) bezeichnet Stress als eine
der größten Gesundheitsgefahren
des 21. Jahrhunderts. *Meditation*
macht dich immun gegen diesen
Stress. Diese Entspannungstechnik
eignet sich besonders gut, um die
eigene Zeit wieder in den Griff zu
bekommen. Denn Meditation bewirkt ein verlangsamtes Zeitempf-
finden. Wer meditiert, konzentriert
sich ganz bewusst und achtsam auf
das Jetzt – und verlängert damit
den Augenblick. Was passiert, wenn
wir meditieren? Der Herzschlag
verlangsamt sich, die Atmung wird
tiefer, die Muskeln entspannen sich.
Diese erholsame Wirkung lässt sich
sogar im Gehirn ablesen. Die amerikanische Psychologin Dr. Sara W.
Lazar wies in Experimenten nach,
dass sich Meditation positiv auf die
psychische Gesundheit auswirkt.
Die Nervenzellen der meditieren-
den Probanden hatten sich nach nur
acht Wochen regeneriert und teil-
weise sogar neu gebildet.
Du musst nicht im Lotossitz auf
dem Boden hocken, um zu meditieren. Jeder kann diese Art der

Entspannung lernen – in einem Meditationskurs, mithilfe einer CD oder eines guten Buches oder sogar mit einer App fürs Smartphone. Es gilt wie immer: Übung macht den Meister. Bereits beim ersten Mal wirst du feststellen, welche Ruhe und Kraft in der Meditation liegen. Meditieren kannst du überall: auf dem Nachhauseweg in der U-Bahn, in der Warteschlange beim TÜV oder auf dem Rastplatz im Auto. Um zu entspannen, reicht manchmal schon eine Minute. **Meditiere, wann immer du eine Mini-Auszeit brauchst.** Du kannst erst einmal mit einer kurzen Meditation beginnen und sie nach und nach verlängern.

Übung: Kleine Meditationspause

- Nimm eine bequeme Sitz- oder Stehhaltung ein.
- Schließ die Augen. Wenn du das nicht möchtest, kannst du auch »nach innen« schauen.
- Dabei atmest du ganz langsam und tief durch.
- Anschließend stellst du dir vor, wie deine Füße fest im Boden verwurzeln.
- Währenddessen atmest du ganz gleichmäßig und tief in den Bauch ein und wieder aus.
- Lass in Gedanken alles los, was dich gerade belastet.
- Mit jedem Ausatmen lässt du den Stress und die Anspannung los, mit jedem Einatmen nimmst du neue Energie auf.
- Anfangs gehen dir vielleicht viele Gedanken durch den Kopf. Halte diese Gedanken nicht fest, sondern lass sie ziehen. Atme einfach immer ganz ruhig weiter ein und aus.
- Du kannst dir mit der Weckerfunktion deines Handys die Zeit stellen.
- Meditiere so lange, wie es dir gut tut und Spaß macht.

Langsam machen

80 Prozent der Deutschen sehnen sich nach mehr Langsamkeit im Alltag. Und dieser Wunsch ist berechtigt: **Denn schneller heißt nicht automatisch besser. Viel zu tun bedeutet noch lange nicht erfolgreich zu sein.** Wir können nicht einfach mehr arbeiten, indem wir schneller arbeiten. Das funktioniert nicht. Wer in der Tempogesellschaft überleben will, muss seine Kräfte ganz gezielt einsetzen.

Ein Studie der Unternehmensberatung McKinsey belegt: Teilzeitkräfte sind bis zu 20 Prozent produktiver als ihre Vollzeit-Kollegen. Denn wer langsamer beziehungsweise weniger macht, ist auf Dauer:

- kreativer,
- produktiver,
- leistungsfähiger,
- geduldiger.

Beschleunigung spart keine Zeit

Immer mehr Menschen entscheiden sich dafür, die Überholspur des Lebens zu verlassen. Allen voran die sogenannten *Slobbies*. Die »slower but better working people«, also die langsam, aber besser arbeitenden Menschen, leben und erleben ihren Alltag langsamer. Sie halten nichts von hektischer Betriebsamkeit, denn für sie zählt Qualität statt Quantität. Sie hetzen nicht von einem Termin zum nächsten, sondern holen zwischendurch immer wieder Luft. Und sie wissen, wann und wie viel Stress sie brauchen, um optimal zu arbeiten und glücklich zu sein. Slobbies kennen ihr persönliches Wohlfühltempo und halten es auch ein. Schließlich haben wir nichts von all der Zeitersparnis, wenn dabei die Lebensqualität und der Spaß auf der Strecke bleiben.

 ## Übung: Das persönliche Wohlfühltempo

Für dein Wohlfühltempo gibt es kein Pauschalrezept. Das ist eine ganz individuelle Angelegenheit. Mit den folgenden Fragen entwickelst du ein besseres Gefühl dafür, wie du tickst:

- Wie viel Stress brauchst du, um gut zu funktionieren?
- In welchen stressigen Situationen fühlst du dich unwohl?
- Welche Arbeiten machen dir wirklich Spaß?
- Unter welchen Bedingungen fällt dir die Arbeit leicht?
- Über welchen Tätigkeiten vergisst du die Zeit?
- Auf welche Weise kannst du am besten abschalten?
- Bei welchen Tätigkeiten macht dir Stress überhaupt nichts aus?

Willst du auch zum Slobby werden? Teste doch eine Woche lang, wie es sich im entschleunigten Modus lebt. Als Slobby bist du Meister im:

- **Monotasking:** Beschäftige dich immer nur mit einer Sache auf einmal.
- **Pausemachen:** Mach jeden Tag zumindest Mittagspause.
- **Durchatmen:** Gönne dir täglich mehrmals fünf Minuten Auszeit, um Luft zu holen.
- **Pünktlichsein:** Verlass deinen Arbeitsplatz pünktlich.
- **Entschlacken:** Reduziere deine Aktivitäten beruflich wie privat, indem du dich fragst: Ist dieser Termin wirklich wichtig für mich und andere? Bringt er mich meinen Zielen näher?
- **Zeitgeben:** Schenke den Menschen, mit denen du zu tun hast, ausreichend Zeit.
- **Druckausgleich:** Frag dich immer: Ist Hektik jetzt wirklich sinnvoll? Ist es notwendig, so schnell zu sein? In welchem Tempo gelange ich ans Ziel?

Auf Zeitlupe schalten

Wie oft rennen wir dem Leben drei Schritte voraus: Am Frühstückstisch beschäftigen wir uns bereits damit, was bei der Arbeit ansteht. Am Arbeitsplatz sehnen wir den Feierabend herbei. Kaum zu Hause, drehen sich unsere Gedanken schon um den nächsten Tag. Die Zeit rast und wir rasen, ohne nachzudenken, hinterher. Laut einer Forsa-Umfrage ziehen über 50 Prozent der Deutschen ein erfülltes Privatleben dem beruflichen Erfolg vor. 74 Prozent der Befragten würden sogar, etwa zugunsten einer Teilzeitstelle, auf berufliche Entwicklungsmöglichkeiten verzichten. Die meisten Menschen sehnen sich nach mehr Muße – und dennoch ist ihre Zeit vollgefüllt mit Verpflichtungen und Aktivitäten. Deshalb kommen sie gar nicht mehr dazu, innezuhalten und durchzuschnaufen. Leistungsdenken, äußere Zwänge, die Angst davor, nicht gut genug zu sein … Mit den Gründen für unsere hektische Betriebsamkeit bauen wir uns mit der Zeit ein Gefängnis, aus dem wir uns nur schwer befreien können. Du kannst die Mauern dieses Gefängnisses einreißen: **Denn du selbst entscheidest, in welchem Tempo du lebst.** Und du selbst gibst dieses Tempo jeden Tag vor. Sobald du merkst, dass der Druck um dich herum und in dir zunimmt, sagst du »Stopp!« und schaltest ganz bewusst einen Gang runter. Ab diesem Moment erledigst du alles, was zu tun ist, *in halber Geschwindigkeit:* Du spülst das Geschirr halb so schnell ab. Du bewegst dich in Zeitlupe durch den Supermarkt oder auf dem Weg nach Hause. Du sprichst bewusst langsam oder atmest nach jedem Satz einmal ganz tief durch …

Dieses bewusste Tempolimit mag dir anfangs schwerfallen. Gib nicht auf, sondern halte mindestens drei bis fünf Minuten durch. Du wirst merken, wie der Druck von dir abfällt und wie du dich in der bewussten Langsamkeit entspannst.

In den folgenden Bereichen deines Lebens kannst du das Tempo sofort ganz bewusst drosseln:

● **Beim Sprechen:** Streich hektische Wörter wie »schnell« oder »sofort« aus deinem Vokabular (siehe Seite 41).

● **Im Straßenverkehr:** Nimm den Fuß vom Gaspedal und fahr langsam. Wenn du öfter zu Fuß gehst oder das Fahrrad nimmst, schärfst du dein Gefühl für die eigene Geschwindigkeit.

● **Bei der Arbeit:** Erledige deine Aufgaben bewusst langsam und bleib konzentriert bei einer Sache, bis sie fertig ist. So hast du am Ende des Tages viel mehr geschafft.

Übung: Druck wahrnehmen

Eine erhöhte Lebensgeschwindigkeit bedeutet, dass andere oder wir selbst uns unter Zeitdruck setzen. Mit dieser Übung gehst du den Ursachen dieses Drucks auf den Grund. Beantworte die folgenden Fragen ganz in Ruhe in deinem Zeittagebuch:

● Warum musst du immer so schnell machen?

● Welche Aufgaben erzeugen bei dir Druck?

● Welche Verhaltensweisen und Reaktionen anderer Menschen setzen dich unter Druck?

● Weshalb lässt du zu, dass andere Menschen dir Druck machen?

● Was denkst du, wenn du Druck spürst?

● Wovor hast du Angst?

● Wo spürst du den Druck in deinem Körper?

● Erinnert dich der Druck an frühere Situationen in deinem Leben?

● Was müsste passieren, damit der Druck weggeht?

● Wie würde es dir gehen, wenn du keinen Druck hättest?

- **In der Freizeit:** Überfrachte deinen Feierabend und deine Wochenenden nicht mit Aktivitäten. Nimm dir eine Sache vor, die du ganz bewusst genießen kannst. Auszeiten, in denen du gar nichts tust, sind wichtig.

- **In jedem Moment:** Genieße jeden Augenblick mit wachen Sinnen: Wie fühlt sich dein Leben gerade an? Was entdeckst du, wenn du aufmerksam schaust?

Muße heißt zielgerichtetes Nichtstun

Ein heißes Bad genießen. Auf der Terrasse eines Cafés in der Sonne sitzen. Ein Schwätzchen halten mit der Nachbarin. Im Garten auf der Liege dösen. Musik hören. Spazieren gehen. Einfach nur die Zeit vertrödeln … Das ist Muße – und sie hat nichts mit Faulheit, Trägheit, Arbeitsverweigerung, Passivität, Ablenkung oder Bequemlichkeit zu tun. Im Gegenteil: Muße ist ein Zustand absoluter Harmonie, weil wir der Hektik des Alltags eine Absage erteilen und in eine gelassene Gangart umschalten. Wer sich der Muße hingibt, ist nicht nur eins mit dem Moment, sondern lässt sich auch von ihm inspirieren. Wer sich Muße gönnt, tut sich selbst also nur Gutes! Drei Gründe, warum sich Mut zur Muße lohnt:

1. Muße ist Medizin

Nichtstun macht Spaß und entspannt. Davon profitieren Körper und Geist. Der Puls sinkt, die Atmung wird langsamer und tiefer, der Blutdruck sinkt. Wir verbrauchen weniger Energie. Unser Immunsystem wird gestärkt. Die Muskulatur entspannt sich. Stresshormone werden abgebaut. Die Gedanken können endlich wieder ruhig und langsam fließen. Und das alles ohne Nebenwirkungen!

2. Muße macht kreativ

Muße ist der Spielplatz der Sinne – zu dem aber nur Zutritt hat, wer den Augenblick auskosten will. Wenn wir uns auf den Moment konzentrieren, sind unsere Sinne

> *Konfuzius sagt: Richte deinen Willen auf den Weg, halte dich an die Tugend, stütze dich auf die Menschlichkeit, suche Muße in den Künsten.*

wach. In diesen spielerischen Momenten des Lebens können wir etwas Originelles schaffen, weil wir uns rundum wohlfühlen und frei sind von äußeren und inneren Zwängen. Originalität ist die Quelle von Kreativität; Langeweile, Routine, Leistungsdruck, Angst oder eine schlechte Stimmung hingegen zwängen uns ein und ersticken die Kreativität in ihrem Keim.

3. Muße schafft Raum für Neues

Nichtstun fördert unsere Bereitschaft zur Veränderung. Denn in diesem leeren Raum zwischen zwei Tätigkeiten sind Zeit und Platz, um neue, wertvolle Erfahrungen zu machen. In Zeiten der Muße kann sich das wahre Leben ereignen. Du kannst entspannen, genießen, sinnieren, schauen, fühlen …

und die Veränderung mit offenen Armen willkommen heißen.

Hast du Mut zur Muße?

Viele Menschen haben vergessen, den Augenblick zu genießen und achtsam zu sein für das, was gerade ist. **Dabei ist das Im-Moment-Sein eine der effektivsten Maßnahmen gegen Zeitmangel.** Es erfordert allerdings ein bisschen Mut, sich vom Zeitdruck der Tempogesellschaft zu lösen. Das Wichtigste ist, dass du dir Zeiten der Muße überhaupt erlaubst: Du hast Ruhe und Entspannung verdient. Du darfst die Seele baumeln lassen. Du musst es sogar, wenn du dich weiterentwickeln willst.

Das Zweitwichtigste ist, dich mit der Muße zu verabreden. Ohne

Termin neigen wir dazu, den Augenblick ständig zu »versetzen«, weil gerade mal wieder etwas Dringenderes ansteht. Das ist ab heute vorbei. Plane deine Mußestunden, trag sie in deinen Kalender ein und halte dich daran.

Das Drittwichtigste ist, den Moment festzuhalten. Das kannst du, indem du damit aufhörst, mehrere Dinge gleichzeitig tun zu wollen. Richte deine Aufmerksamkeit lieber auf die Sache, die du gerade tust: Wenn du gehst, gehst du. Wenn du liest, liest du. Wenn du isst, isst du. Wenn du sprichst, sprichst du. Wenn du zuhörst, hörst du zu. **Wenn du dich ausruhst, dann ruhst du dich aus.** Wenn du genießt, dann genießt du. Und wenn du träumst, träumst du. Indem du jede Situation ganz für sich erlebst, wirst du alles viel intensiver wahrnehmen und empfinden. Dann ist der Augenblick der Maßstab deiner Lebenskunst.

Übung: Eine Stunde Auszeit

Nimm dir eine Viertelstunde Zeit. Setz dich an deinen Lieblingsplatz in deiner Wohnung oder im Garten und überleg dir, wie sich eine Mußestunde anfühlen könnte: Wie schnell oder langsam vergeht deine gefühlte Zeit? Wie geht es dir in dieser Zeit? Was versäumst du in dieser Stunde? Was gewinnst du mit der Muße?

Du wirst feststellen, dass bewusstes Nichtstun gar nicht so leicht ist. Wenn es dir gelingt, wirst du außerdem die Erfahrung machen, dass du dabei tatsächlich nichts versäumst. Ist das nicht ein gutes Gefühl? An diesem Punkt spricht nichts mehr dagegen, regelmäßig eine Stunde nichts zu tun. Gönn dir ab jetzt regelmäßig eine Stunde Auszeit, um dein Leben zu entschleunigen.

Lektion 4: Balancieren

Wer seinen Körperschwerpunkt und damit ein gutes Gleichgewicht findet, kann selbst auf schmalen Flächen sicher gehen – wie ein Artist, der in zehn Metern Höhe auf einem Drahtseil balanciert. Fühlt sich dein Alltag manchmal an wie ein Hochseilakt – nur ohne Sicherheitsnetz? Kämpfst du um das Gleichgewicht zwischen Arbeit, Familie, Freunden, Selbstverwirklichung? Gerätst du im Alltag immer wieder aus dem Takt, weil du hin- und hergerissen bist zwischen deinen Wünschen und Pflichten? **Life-Balance ist ein wesentlicher Schritt auf dem Weg zur Meisterschaft im Umgang mit der Zeit.** Ein Leben in Balance erreicht man nicht, indem man das Berufsleben besser mit dem Privatleben organisiert und koordiniert. Es geht nicht darum, mehr zu tun, zu haben oder zu sein. Es geht um *Lebensqualität*. Und diese sieht für einen jeden Menschen anders aus.

Nach der inneren Uhr leben

Wenn Kalender, lange Arbeitszeiten und Schichtarbeit den Takt im Leben vorgeben, gerät unsere innere Uhr durcheinander. Das führt zum *sozialen Jetlag,* ein Begriff, den der Chronobiologe Professor Till Roenneberg für den latenten Übermüdungszustand prägte, unter dem viele Menschen leiden. Je mehr der Takt des Lebens von dem der inneren Uhr abweicht, desto anstrengender ist das für unseren Körper. Die Folge ist, so Roenneberg, ein erhöhtes Krankheitsrisiko, weil alle unsere Körpervorgänge auf die innere Uhr hören – und aus dem Takt geraten, wenn wir nicht nach dieser Uhr leben. Dabei sollte die Gesundheit doch unser wertvollstes Gut sein. Nur wer sich fit, ausgeruht und kraftvoll fühlt, kann sein Bestes geben. Doch in der Realität des Alltags leben viele Menschen gegen ihre innere Uhr: unregelmäßige Ar-

Konfuzius sagt: Bist du arm, aber gesund, so bist du ein halber Reicher.

beitszeiten, Schichtdienst, aufstehen, bevor es draußen hell wird, ständig in Eile sein, immer größten Einsatz zeigen, abends spät zu Bett gehen und so weiter. Herrscht in deinem Leben Hochleistungsbetrieb? Oder lebst du nach dem Rhythmus deiner inneren Uhr? Sie gibt nämlich den Takt vor, nach dem wir leben sollten.

Die Chronobiologen untersuchen das Phänomen der inneren Uhr und unterscheiden zwei Typen:

1 **den Morgentypen,** der sofort nach dem Aufstehen fit ist und sich abends gern zeitig schlafen legt.

2 **den Abendtypen,** dem es schwerfällt, morgens in die Gänge zu kommen, und der noch spätabends fit ist.

Nicht alle Menschen ticken gleich, auch wenn die Tempogesellschaft uns das oft glauben machen möchte: »Morgenstund hat Gold im Mund« oder »Der frühe Vogel fängt den Wurm«, sagt der Volksmund und bringt damit zum Ausdruck, dass der Morgentyp fleißiger und leistungsstärker sei, während der Abendtyp eher als Faulenzer gilt. Eine Umfrage des Karriereportals »Monster« zeigt jedoch, dass es ganz unterschiedliche »Vögel« gibt: Rund 30 Prozent von über 5000 Befragten in Deutschland, Österreich und der Schweiz gaben an, morgens gern länger im Bett zu bleiben und lieber später zur Arbeit zu gehen. 27 Prozent der Deutschen waren zufrieden mit ihren Arbeitszeiten und 46 Prozent würden auch früher arbeiten.

Der Fahrplan für die innere Uhr
Wer sein Bewusstsein schärft für den *Takt der eigenen inneren Uhr,* findet zu einer Balance zwischen den persönlichen Bedürfnis-

sen und den Anforderungen der Tempogesellschaft. Die folgenden Zeitangaben sind Durchschnittswerte und gelten für die meisten Menschen. Je nachdem, ob du ein Morgen- oder ein Abendtyp bist, kannst du etwa eine bis zwei Stunden abziehen oder dazurechnen:

● **7 Uhr bis 8 Uhr**
Raus aus den Federn! Der Körper kommt in die Gänge.

● **8 Uhr bis 10 Uhr**
Der Geist erwacht. Leichte Aufgaben oder Routinen helfen dabei.

● **10 Uhr bis 13 Uhr**
Erstes Tageshoch – in dieser Zeit befindet sich die Leistungsfähigkeit auf ihrem Maximum. Zeit für komplexe Aufgaben.

● **13 Uhr bis 15 Uhr**
Die Leistungskurve geht nach unten. Zeit für eine Pause, um zu essen und wieder Kraft zu sammeln. Wer jetzt arbeitet, sollte sich auf Routinearbeiten beschränken.

● **15 Uhr bis 17 Uhr**
Zweites Tageshoch. Jetzt sind wichtige Aufgaben dran.

● **17 Uhr bis 19 Uhr**
Die ideale Zeit, um Krafttraining zu treiben.

● **19 Uhr bis 23 Uhr**
Zeit für Muße. Genieß diese Stunden und nähre deine Sinne mit Dingen, die dir Freude bereiten.

● **23 Uhr bis 3 Uhr**
Tiefschlafphase. In dieser Zeit erholt sich der Körper am besten.

● **3 Uhr bis 7 Uhr**
Tiefschlaf- und Traumphasen wechseln einander ab – nur dass gegen Ende der Nacht die Traumphasen länger werden.

Tickst du richtig?

Alles hat seine Zeit. Das gilt auch für deine innere Uhr, denn der Mensch ist ein biologisches Wesen. Du solltest deinem biologischen System deshalb Beachtung schenken und versuchen, so gut es geht nach deinem individuellen Rhythmus zu leben. Das findest du heraus, wenn du einmal eine Woche lang ganz genau deine Lebensgewohnheiten beobachtest:

Check-up: Wie tickt deine innere Uhr?

Beantworte die Fragen in deinem Zeittagebuch und finde heraus, ob du eher ein Morgentyp (M) oder ein Abendtyp (A) bist:

● Wie schätzt du dich ein?
M Morgentyp **A** Abendtyp

● Zu welcher Uhrzeit würdest du am liebsten aufstehen?
M Vor 8 Uhr **A** Nach 8 Uhr

● Wie geht es dir, wenn der Wecker klingelt?
M Ich bin sofort wach und munter.
A Ich brauche eine Weile, bis ich in die Gänge komme.

● Frühstückst du gern ausgiebig?
M Ja **A** Nein

● Wann bist du ganz besonders leistungsfähig?
M Frühmorgens
A Nachmittags

● Wann gehst du am liebsten zu Bett?
M Vor 23 Uhr **A** Nach 23 Uhr

Wenn du häufiger das M angekreuzt hast, bist du ein Morgentyp. Hast du mehr Kreuzchen beim A, gehörst du zu den Abendtypen.

● Wann stehst du auf?
● Wie startest du in den Tag?
● Wann gehst du zu Bett?
● Wie fühlst du dich morgens, mittags, abends?
● Wann hast du Hunger?
● Wann bist du kreativ?
● Um welche Uhrzeit kannst du dich gut konzentrieren?

● Zu welchen Tageszeiten hast du das Gefühl, aus dem Gleichgewicht zu sein?
● In welchen Momenten schwingst du in deinem persönlichen Rhythmus?
● Wann gehen dir selbst schwierige Aufgaben besonders leicht von der Hand?

Sobald du die Hoch- und Tiefphasen deines Tages identifiziert hast, ist es an der Zeit, die Uhren neu zu stellen. Das geht nicht, weil dein Berufs- und Familienalltag dir einen anderen Rhythmus diktiert? Dann versuch doch einmal, ein Wochenende lang nach deiner inneren Uhr zu leben. Deine Familie wird Verständnis dafür zeigen oder sogar Spaß daran haben, mitzumachen und die Zeit von Freitag- bis Sonntagabend auf den Kopf zu stellen: Bleibt so lange im Bett, wie ihr möchtet, frühstückt ausgiebig. Geht zum Sport, haltet einen Mittagsschlaf… Wie immer gilt: Übung macht den Meister. Wer jahrelang gegen seinen persönlichen Rhythmus gelebt hat, kann sich nicht von heute auf morgen umstellen. Sei geduldig mit dir selbst. Es geht um deine Lebensqualität. Nach einer Weile wirst du merken, wie gut es dir tut, deinem individuellen inneren Rhythmus zu folgen. So gestärkt und motiviert kannst du in deinem Alltag nach und nach

zumindest an einigen Stellen im Privatleben die äußeren Uhren deinem inneren Takt anpassen. Das gibt dir Kraft für die Phasen, in denen es leider nicht möglich ist.

Gute Beziehungen pflegen

Die hektische Betriebsamkeit im Alltag führt häufig dazu, dass wir unser Privatleben vernachlässigen. Für Familie, Partnerschaft oder Freunde bleibt uns meist nur sehr wenig Zeit. Kaum ist ein anstrengender Arbeitstag zu Ende, wollen wir nur noch abschalten. Wer erschöpft ist, lässt sich leicht dazu verführen, den Abend auf der Couch vor dem Fernseher zu verbringen. **Gerade Menschen, die im Berufsleben pflichtbewusst und gut organisiert sind, neigen nach Feierabend dazu, alle Fünfe gerade sein zu lassen.** Dann wollen sie von Terminen nichts mehr wissen. Doch ein *erfülltes Privatleben* ist der beste Schutz gegen den Stress. Wenn sich alles nur um den Job dreht, ist man ganz schnell frustriert und ausgepowert. Deshalb ist es wichtig, dass wir unsere sozialen Kontakte pflegen. Nimmst du dein Privatleben genauso wichtig wie dein Berufsleben?

Oft erkennen wir zu spät, was uns wirklich wichtig ist: Wenn die Beziehung in die Brüche gegangen ist oder wir keinen mehr haben, bei dem wir unser Herz ausschütten können. **Gib den Menschen, die dir wichtig sind, deshalb einen festen Platz in deinem Leben.** Wer verdient deine Wertschätzung, Zuneigung und Freundschaft: Die Freundin, die dich ständig nur kritisiert oder dir dauernd ins Wort fällt, um von sich zu erzählen? Die Nachbarin, die den ganzen Tag über andere lästert? Der Kollege, der immer wieder Druck auf dich ausübt? Die Fitnesstrainerin, die einen Befehlston wie ein Feldwebel

hat? Sind das nicht eher Zeiträuber als angenehme Kontakte? **Der Stress lässt sich im Berufsalltag manchmal nur schwer abstellen. Deshalb darf er sich im Privatleben nicht fortsetzen.** Umgib dich so oft wie möglich mit Menschen, die dir guttun! Verbring deine freie Zeit mit denjenigen, die dich schätzen, ebenso wie umgekehrt. Ein *gutes emotionales Klima* ist elementar für unser Wohlbefinden: sich fallen lassen und Kraft tanken im Kreis der Familie oder guter Freunde; Inspiration finden im Austausch mit netten Kollegen; den Stress weglachen bei einem Mädelsabend mit den besten Freundinnen … **Freundschaften verlängern das Leben.** Du webst damit ein dichtes soziales Netz, das dich in schweren Zeiten auffängt, das dich stärkt und motiviert. Ein starkes soziales Netz schützt dich beim Hochseilakt

Konfuzius sagt: Keine Straße ist zu lang mit einem Freund an der Seite.

Übung: Zeit verschenken

Wer seine Zeit verschenkt, bekommt sie doppelt zurück. Geh in einer ruhigen Minute in dich und prüfe dein soziales Netz. Lass die Menschen, mit denen du Zeit verbringst, Revue passieren. Du wirst feststellen, dass du ganz unterschiedliche Gefühle zu jedem von ihnen hast. Erstelle mithilfe der folgenden Fragen eine Liste mit deinen »Herzensmenschen« und eine mit Kontakten, auf die du in Zukunft weitgehend verzichten möchtest:

- Mit welchen Menschen fühlst du dich besonders wohl?
- In welcher Umgebung geht es dir besonders gut?
- Wer versteht dich, wenn du Probleme hast?
- Wer inspiriert dich?
- Wer hat dir oft geholfen?
- Mit wem hast du Spaß und kannst von Herzen lachen?
- Wer kümmert sich um dich, wenn es dir nicht gut geht?
- Wer akzeptiert dich wirklich so, wie du bist?

des Lebens. Über die Jahre verändern sich unsere Bedürfnisse und Vorlieben. Was sich gestern noch stimmig anfühlte, passt heute nicht mehr. Das gilt für deinen Kleiderstil, deinen Geschmackssinn, deine persönlichen Vorlieben, deine Art zu denken genauso wie für deine Beziehungen: Manchmal kommt man mit Menschen, zu denen man jahrelang einen guten Kontakt hatte, plötzlich nicht mehr klar. Dann ist es höchste Zeit, eine Bestandsaufnahme zu machen und sich auf die »Herzensmenschen« zu konzentrieren, die das eigene Leben bereichern. Wie viel Zeit verbringst du mit Menschen, die dir sehr wichtig sind? Was tust du, um deine Beziehungen zu pflegen?

Sinnvoll leben

Was hat Zeitmeisterschaft mit Sinn zu tun? Ganz viel! **Sinn bringt dein Leben in Balance, weil du dich auf das Wesentliche konzentrierst.** Ein sinnvolles Tun erfüllt dich mit tiefer Überzeugung und Zufriedenheit und steigert damit dein Wohlbefinden. Das wiederum wirkt sich positiv auf deine Leistungsfähigkeit aus – und macht dich immun gegen Hektik, Zeitdruck und Stress. Wenn du dich im Leben auf das besinnst, was dir wirklich wichtig ist, dann entwickelst du einen gesunden »Eigen«-Sinn, der es dir leichter macht, Ja zu den Entscheidungen zu sagen, die dein Leben in die richtige Richtung vorantreiben. Denn ein eigen-sinniger Mensch fragt sich nicht nur, was er errei-

chen möchte, sondern in erster Linie, wozu das Erreichte dient.

Werte schaffen Eigen-Sinn

Hast du dich schon einmal gefragt: Wozu mache ich das eigentlich alles? Was hat das alles überhaupt für einen Sinn? Soll das schon alles gewesen sein in meinem Leben? Wer das, was er tagein, tagaus tut, als sinnlos oder leer empfindet, weiß irgendwann nicht mehr, warum er es überhaupt tun soll. Dieses sinnlose Tun schlägt aufs Gemüt und kann sogar zu Depressionen führen. Mach dich deshalb zum wichtigsten und wertvollsten Menschen in deinem Leben!
In unserer Gesellschaft vollzieht sich augenblicklich ein *Wertewandel:* Viele Menschen besinnen sich auf das, was ihnen wichtig ist. Sie

> *Konfuzius sagt: Wenn es darum geht, Gutes zu tun, sollte man nicht einmal seinem Lehrer den Vortritt lassen.*

streben nach einer Lebensart, die für sie sinnvoll ist: Sie wünschen sich mehr Zeit für sich selbst und für die Familie. Oder sie suchen nach Möglichkeiten des Selbstausdrucks und der Selbstverwirklichung. Zeit ist ein kostbares Gut: Unser Tag hat nur 24 Stunden und unsere Lebenszeit ist begrenzt. Um in Balance zu bleiben, sollte jede Stunde sinnvoll sein.

Sinn entdecken wir über unsere *Werte,* also das, was uns etwas bedeutet, was uns eine tiefe Freude bereitet und wichtig in unserem Leben ist. **Werte bilden in unsicheren und schnelllebigen Zeiten ein stabiles Fundament, das uns Sicherheit gibt.**

Wer seine eigenen Werte und Bedürfnisse auf Dauer ignoriert oder unterdrückt, beeinträchtigt sich damit. Es kann zu einer Sinnkrise führen, wenn wir über einen langen Zeitraum zu viel arbeiten, heftige Konflikte in der Familie oder am Arbeitsplatz erleben oder unter gesundheitlichen Störungen leiden.

Wenn deine Ziele nicht deinen Werten entsprechen, wirst du immer das Gefühl haben, gegen dich zu arbeiten. Und das bedeutet auf lange Sicht *Stress.*

Eigen-sinn hingegen bewirkt, dass du die Dinge tust, die du richtig und gut findest. Es geht dabei nicht darum, dass wir etwas erreichen, sondern warum wir das wollen. Was gibt deinem Leben Sinn? Was macht dein Leben wertvoll? Niemand außer dir kann das entscheiden. Dein persönlicher *Wertekodex* ist ein wichtiges Instrument, um Sinn zu schaffen. Mutter, Vater, Familienmitglieder oder wichtige Bezugspersonen prägten unsere Wertvorstellungen schon in der Kindheit: durch die Art, wie sie uns etwas vorlebten, und durch Erziehung. Diese Werte entwickeln wir weiter und handeln – meist unbewusst – auch im Erwachsenenalter danach. Sie beeinflussen uns so stark, dass wir manchmal einem Lebensplan folgen, der uns im Innersten oder unseren eigenen

Übung: Dein persönlicher Wertekodex

Welche Werte sind in deinem Leben wichtig? Die folgende Auswahl dient dir als Inspiration für deinen eigenen Wertekodex:

- Anerkennung
- Erfolg
- Familie
- Freiheit
- Gesundheit
- Glaubwürdigkeit
- Karriere
- Liebe
- Macht
- Ordnung
- Selbstverwirklichung
- Sicherheit
- Treue
- Unabhängigkeit
- Verantwortung
- Wohlstand

Anschließend legst du eine Reihenfolge fest, um herauszufinden, welche Werte Priorität in deinem Leben haben: Was sind deine drei wichtigsten Werte? Welche Bedeutung misst du diesen Werten in deinem Leben bei? Welche Werte lebst du bereits, welche noch nicht? Warum unterdrückst du bestimmte Werte? Was kannst du tun, um diese Werte verstärkt zu leben?

Vorstellungen gar nicht entspricht. Eigene Werte zu entwickeln heißt, sich von Normen und Zwängen anderer zu lösen. Wenn du deinen ganz persönlichen Wertekodex entwickelt hast, kannst du entscheiden, was wirklich wichtig und gut für dich ist. Folgst du deinen Werten eigen-sinnig, musst du nicht mehr Dingen hinterherjagen, die dir nichts bedeuten oder deinen eigenen Wertvorstellungen sogar entgegenstehen. **So gibst du deinem Leben deinen eigenen Sinn.**

Lektion 5: Selbstbestimmen

Wer sein Leben nicht selbst bestimmen kann, leidet zwangsläufig unter Stress. Warum? Weil er den Anforderungen von außen ohnmächtig ausgeliefert ist. Der Grad der *Selbstbestimmung* entscheidet darüber, ob du aus freien Stücken genießen kannst, was dir das Leben zu bieten hat, oder ob du dich von anderen unter Druck setzen lässt und im schlimmsten Fall direkt auf einen Burnout zusteuerst. Denn wer sein Leben langfristig nach den Maßstäben und Entscheidungen anderer ausrichtet, wird zum Getriebenen.

Du kannst nicht selbst bestimmen, wie dein Leben läuft? Deine Lebensumstände, deine Familie oder dein Chef lassen das nicht zu? Jeder Mensch kennt Stress und Druck. Aber nicht alle reagieren gleich darauf. Es gibt Menschen, die dem Gegenwind standhalten oder ihn sogar nutzen. Selbstbestimmte Menschen haben eins gemeinsam: Egal, unter welchen Umständen sie arbeiten und leben, sie bleiben stets ihr eigener Chef. Sie lassen sich nicht von anderen sagen, was zu tun ist, sie wissen es selbst und handeln danach. Es kann ihnen nicht passieren, dass Abhängigkeit und Machtlosigkeit Stress verursachen. Wenn sie Stress haben, dann sind sie selbst dafür verantwortlich und wollen das so. Was *selbstbestimmte Menschen* auszeichnet:

- Sie ruhen in sich selbst und sind stets präsent.
- Sie realisieren die Ziele, die sie sich gesteckt haben.
- Sie strahlen eine natürliche Autorität aus, weil sie wissen, was sie wollen.
- Sie sind leidenschaftlich und begeisterungsfähig, weil sie für ihre Sache brennen.
- Sie handeln klug und vorausschauend, weil sie stets das Wesentliche vor Augen haben.

Bestimmst du dein Leben selbst?

Gut ist besser als perfekt

Du grübelst die halbe Nacht, wenn du glaubst, etwas falsch gemacht zu haben? Du scheust dich davor, Fehler einzugestehen? Du siehst schon im Vorfeld eines Projektes, was alles schieflaufen könnte? Du machst dir selbst und anderen Vorwürfe, wenn dann tatsächlich alles eintrifft? Du machst lieber alles allein, weil du ein Projekt von Anfang bis Ende kontrollieren willst, und tust dich schwer damit, selbst kleine und leichte Aufgaben an andere Menschen zu delegieren? Du kannst dich nur schwer dazu entschließen, ein Projekt abzuschließen? Du machst öfter Überstunden, weil du eine Aufgabe lieber noch einmal durchsehen oder überarbeiten willst? Wenn du dich in einer oder gar mehreren dieser Verhaltensweisen erkennst, dann hast du einen ausgeprägten Hang zum Perfektionismus.

Perfektionismus macht uns unfrei. Denn der Perfektionist macht sich ständig selbst Druck, noch besser sein zu müssen. Aber wer verlangt eigentlich, dass wir immer perfekt sein müssen? Der Chef? Die Familie? Freunde? Nein! Der Perfektionist selbst stellt die höchsten Erwartungen an sich und versucht, seinen enormen Ansprüchen zu genügen. Das tut er im Büro wie bei der Organisation und Instandhaltung des Haushalts, bei der Kindererziehung, im Sport und im Hinblick auf die Erwartungen des Partners. Doch Perfektionismus macht passiv, weil wir im Stillstand verharren und alles kontrollieren wollen.

Unsere Glaubenssätze bestimmen, was gut genug ist
Perfektionismus hindert dich daran, dein Leben selbst zu bestimmen. Warum? **Hinter perfektionistischem Denken steckt häufig die Angst zu versagen.** Und diese Angst resultiert meist aus dem Wunsch nach *Anerkennung*. Wir wollen von anderen Menschen gesehen und geschätzt werden für das, was wir tun. Wir wollen anderen gefallen. Daran ist nichts verkehrt – aber der Wunsch nach Anerkennung darf nicht zum Gradmesser unseres Handelns und Seins werden. Kein Mensch ist perfekt! Wir sind alle fehlbar! Wir müssen sogar Fehler machen, um uns weiterzuentwickeln. Fehler zeigen uns, wo wir noch Lernbedarf haben und unser Potenzial erschließen können.

Aber warum gestehen sich viele Menschen nicht zu, Fehler zu machen? Dafür sind unsere inneren *Glaubenssätze* verantwortlich. Sie wurzeln tief in uns, weil wir sie oft schon als Kinder verinnerlicht haben. Sie sind als Gebote oder Verbote unserer Eltern oder anderer Bezugspersonen in unserem Unterbewusstsein gespeichert und steuern unser Verhalten oft noch, wenn wir bereits erwachsen sind. Kommt dir einer der folgenden Sätze bekannt vor:

- Sei perfekt!
- Streng dich an!
- Beeil dich!
- Sei stark!
- Mach es allen recht!

Wir erkennen solche *Glaubenssätze* wieder in den Erwartungen, die wir an uns selbst stellen. Doch solche Sätze erschweren uns das Leben nur unnötig, weil sie uns zusätzlichen Druck machen, statt uns das Leben zu erleichtern.

Hörst du oft auf deine innere Stimme, die dir sagt, dass du nicht gut genug bist? Dann ist es höchste Zeit, ab jetzt »Stopp« zu sagen, sobald sich dein negatives Gedankenkarussell in Bewegung setzt: Steig innerlich aus und denk an

Das Anti-Perfektionismus-Programm

● Setz dich nicht selbst unter Druck! Eine Sache gut zu machen ist ein Prozess, der Zeit und Geduld braucht.

● Erledige immer eine Aufgabe nach der anderen! So setzt du deinem eigenen Perfektionismus, der dich zum Schlingern bringt, bewusst ein Ende, sobald du dir zu viel auf einmal vornimmst.

● Verzeih dir selbst und anderen Fehler! Fehler sind unser Lehrmeister, sie zeigen uns den Weg zum besten Resultat. Statt Zeit und Energie mit Grübeln und Hadern zu vergeuden, solltest du lieber Fehler mit offenen Armen begrüßen und daraus lernen.

● Bleib realistisch! Wenn die Dinge nicht nach Plan laufen, lohnt es sich, den Kurs zu korrigieren, statt an etwas festzuhalten, was sich nicht machen lässt.

● Überprüfe die Ziele, die du dir selbst und anderen steckst, auf ihre Machbarkeit! Wer sich überschätzt, überfordert sich schnell – und andere genauso.

● Reg dich nicht auf, wenn etwas schiefläuft! Ärger und Verdruss mindern die Konzentration und verhindern, die beste Lösung für ein Problem zu finden.

● Vertrau auf deine Fähigkeiten! Wer sich risikobereit zeigt, sich mit Sinn und Verstand auf neues Terrain wagt und seinen Weg regelmäßig überprüft, kommt sicher ans Ziel.

● Gib stets dein Bestes! Denn das Beste ist immer gut genug – und viel besser als perfekt!

etwas Positives. Dein Gehirn ist nicht in der Lage zum Multitasking. Dasselbe gilt für deine Gedanken: Du kannst nicht zwei Gedanken gleichzeitig verfolgen. Du kannst aber entscheiden, welchem

Gedanken du deine Aufmerksamkeit widmest. Indem du an etwas Positives, Schönes, Entspannendes denkst, bringst du deine kritische innere Stimme automatisch zum Schweigen. Die beste Strategie, um dem Drang nach Perfektionismus eine Ende zu setzen, ist: Spüre deine negativen Glaubenssätze auf und bestimme selbst, woran du glaubst. Du kannst negative Glaubenssätze in positive Botschaften an dich selbst umformulieren. Zum Beispiel so – analog zu den oben genannten Glaubenssätzen:

- Ich bin gut, so wie ich bin. Auch ich darf Fehler machen!
- Die Arbeit darf auch leicht gehen!
- Ich nehme mir die Zeit, die ich brauche!
- Ich darf meine Gefühle zeigen – und um Hilfe bitten!
- Ich bin wichtig!

Pro-aktiv handeln

Du bestimmst nicht nur, was gut und schlecht ist, du bist auch der Maßstab deines Handelns. Dem Handeln ist nämlich bereits eine Aktion vorausgeschaltet: die Entscheidung darüber, warum wir überhaupt etwas tun wollen. **Wenn du dir überlegst, was du willst und welche Wirkung dein Tun erzielen wird, dann handelst du pro-aktiv.** Du unterstützt also dein Handeln frühzeitig mit zielgerichteten Gedanken.

Welche Rolle spielst du in deinem Leben?

Wie wichtig nimmst du deine Träume, Wünsche, Ziele und Pläne? Ergreifst du in deinem Leben die Initiative? Handelst du pro-aktiv? Denkst du darüber nach, was du möchtest, und setzt du das um?

Konfuzius sagt: Das Entscheidende am Wissen ist, dass man es beherzigt und anwendet.

Oder hältst du dich lieber im Hintergrund, um abzuwarten, was passiert? Also: Welchen Part hast du in deinem Leben übernommen?

Die Hauptrolle

Der Protagonist nimmt sich und sein Leben wichtig, ohne seine Ziele verbissen zu verfolgen. Er kümmert sich um seine Bedürfnisse und darum, dass in seinem Leben passiert, was er sich vornimmt. Er ist sich selbst der wichtigste Mensch, ohne das Wohl anderer aus den Augen zu verlieren. **Nur wer sich selbst wichtig nimmt, kann auch andere Menschen wichtig nehmen.**

Die Nebenrolle

Wer eine Nebenrolle einnimmt, verharrt in der Passivität und wartet lieber, bis etwas passiert. Der Nebendarsteller überträgt damit anderen Menschen die Hauptrolle und gibt wertvollen Gestaltungsspielraum für sein eigenes Leben ab. Wenn die Dinge sich nicht so entwickeln, wie der Nebendarsteller es sich wünscht, wird er ärgerlich und beklagt sich. Oder er schaut neidisch auf die Menschen, die selbst die Initiative ergreifen.

Der Statist

Der Statist tut gar nichts. Er wundert sich sogar, wenn überhaupt etwas passiert. Er will sich nicht anstrengen und würde am liebsten immer alles in seinem Leben so belassen, wie er es kennt und gewohnt ist. Jede Bewegung, jede Aktion, jede Veränderung und alles Neue macht ihm Angst.

Übernimm die Hauptrolle

Wer die Hauptrolle im eigenen Leben übernimmt, sorgt aktiv dafür, dass etwas geschieht. Der Hauptdarsteller trägt die Verantwortung für das eigene Tun. Er agiert und setzt sich in Bewegung, sobald etwas Wichtiges ansteht. Das vermeidet langfristig Stress, auch wenn zunächst kurzfristig Hektik entsteht. Eine pro-aktive

Herangehensweise schützt dich vor Zeitdruck, denn du bestimmst selbst, wann du etwas tun musst, um deinem Vorhaben oder Ziel einen Schritt näher zu kommen. Der entscheidende Moment ist, *bevor* du etwas tust. Wer Stress vermeiden und mehr Zeit haben will, denkt vorausschauend. Du brauchst dazu nichts weiter als deinen gesunden Menschenverstand, der dir sagt, was wichtig ist.

Flexibel bleiben

Pro-aktiv handeln bedeutet zugleich, flexibel und spontan zu sein, wenn etwas Unvorhergesehenes passiert. Außergewöhnliche Situationen verlangen außergewöhnliche Maßnahmen. Doch Unvorhergesehenes verunsichert die meisten Menschen. Sicherheit ist ein Grundbedürfnis, ohne das unsere Spezies im Lauf der Evolution wahrscheinlich nicht so lange über-

Das Sowohl-als-auch-Prinzip

Wenn du zukünftig in einer Situation nicht weiterkommst, dann wende am besten das Sowohl-als-auch-Prinzip an. Sowohl den eigenen Routinen zu folgen als auch flexibel und spontan reagieren zu können, ist eine Vorgehensweise, die sich in lediglich vier Schritten vollziehen lässt:

- 1. Schritt: Nimm ein Problem einfach nur wahr, wie es ist, und akzeptiere es, statt das Problem zu bewerten.
- 2. Schritt: Wie kannst du dein Problem lösen: mit Routine oder Spontaneität?
- 3. Schritt: Öffne dich für eine individuelle Handlungsweise und agiere zielführend.
- 4. Schritt: Gib dein Bestes, auch wenn es dir anfangs schwerfällt. Nicht vergessen: Übung macht den Meister.

lebt hätte. Sitzt jeder Handgriff bei der Arbeit und ist der Tagesablauf eingespielt, dann bewegen wir uns auf vertrautem Terrain. Routine ist gut und wichtig in Situationen, die wir kontrollieren können. Sie macht unser Tun professionell. Doch in unserer schnelllebigen und komplexen Welt stoßen wir mit ausschließlich routiniertem Handeln an unsere Grenzen: weil sich beispielsweise die Rahmenbedingungen eines Projekts geändert haben oder irgendetwas schiefgelaufen ist. Dann hilft es nichts, einfach weiterzumachen wie immer, sich zu beklagen oder einen Schuldigen zu suchen. Das erzeugt Stress und Druck, weil wir unsere wertvolle Zeit und Energie verschwenden, wenn wir uns den geänderten Bedingungen partout nicht anpassen wollen. **Selbstbestimmung bedeutet beides: sowohl spontan als auch routiniert zu sein.** Mit dieser flexiblen Haltung passt du dich der jeweiligen Situation an. Die Folge sind ein Maximum an Kraft und Leistung sowie ein Minimum an Hektik und Stress.

Veränderungen willkommen heißen

Die Welt verändert sich in rasanter Geschwindigkeit. Das sorgt bei vielen Menschen für Unsicherheit. Kaum hat man sich an etwas gewöhnt, ist alles schon wieder ganz anders. Nehmen wir zum Beispiel die Art, wie wir kommunizieren: Noch vor zehn Jahren waren Internet und E-Mail Kommunikationsmittel, die bloß einige wenige nutzten. Heute kaufen wir nicht nur im Internet ein, wir schicken sogar unsere Steuererklärung per E-Mail ans Finanzamt.

Es bringt gar nichts, sich gegen Veränderungen zu wehren. Denn Leben heißt Fortschritt und Entwicklung: Wir erleben immer wieder etwas Neues. Wir lernen nie aus. Wir entwickeln uns weiter. Wir werden älter. Trends und Vorlieben ändern sich. Unsere Umgebung und die Menschen um uns herum verändern sich.

Das alles geschieht, ob wir es wollen oder nicht. **Veränderung ist die einzige Konstante im Leben.** Es nützt also nichts, den Kopf in den Sand zu stecken. Wenn du wegschaust, verhinderst du die Veränderung nicht, sondern musst dich irgendwann zwangsweise verändern. Dann aber so, wie es dir vielleicht gar nicht gefällt.

Veränderung ist ein täglicher Lernprozess

Veränderungen müssen weder schmerzhaft noch unangenehm sein. Im Gegenteil: Sie bereichern uns sogar, wenn wir die richtige Einstellung dazu entwickeln. Eine Veränderung ist zunächst einmal weder gut noch schlecht. Entscheidend ist, wie wir sie bewerten: Hast du Angst vor Veränderung? Oder kannst du dich flexibel und schnell auf neue Umstände und Entwicklungen einstellen?

Der einfachste Weg, um mit Veränderungen zurechtzukommen, ist: sie willkommen zu heißen. Dazu brauchst du die Fähigkeit, offen, spontan und flexibel auf das zu reagieren, was das Leben für dich bereithält. Das Leben ist immer der beste Lehrer: Es zeigt uns jeden Tag, was wir anders bzw. besser machen können.

Unzufriedenheit ist oftmals ein Vorbote der Veränderung. Wir spüren, wenn es Zeit ist, etwas anders zu machen. Aber sobald ein Mensch Angst vor Veränderung hat, vertraut er nicht mehr auf sein Gefühl, sondern kämpft dagegen an. Wo spürst du bereits, dass eine Veränderung stattfindet:

- Bist du unzufrieden mit einer Lebenssituation?

- Beneidest du einen anderen um etwas?
- Macht dir deine Arbeit keinen Spaß mehr?
- Welche Veränderungen machen dir Angst?

Wenn du auf die Vorboten der Veränderung achtest, kannst du der Veränderung positiv begegnen. Du weißt, was du ändern musst, kannst dir neue Ziele stecken und sie Etappe für Etappe verfolgen.

Veränderung erfordert Kompetenz

Warum fürchten sich viele Menschen vor Veränderungen oder empfinden sie als anstrengend? Weil sie dazu ihre *Komfortzone,* also ihren vertrauten Bereich, verlassen müssen, um in neues, unbekanntes Terrain aufzubrechen. Es erscheint leichter, in einer nur halbwegs befriedigenden Situation zu verharren, als sich neuen Herausforderungen zu stellen. Irgendwann wird es aber sogar in der bequemsten Komfortzone ungemütlich. Wer sich in einer unangenehmen oder herausfordernden Situation nicht bewegt und etwas verändert, wird über kurz oder lang bewegt werden. Denn Unbeweglichkeit führt meist nicht dazu, dass die Dinge so bleiben, wie sie sind. Im Gegenteil: Die Dinge verändern sich, aber vielleicht nicht unbedingt so, wie wir uns das wünschen. Die Folge: Konflikte, Kummer, Krisen, Krankheiten.

Ein Mensch, der sich bei der Arbeit dauernd gestresst fühlt, muss nicht unbedingt einen stressigen Job haben. Vielleicht passen die Anforderungen, die sein Arbeitsplatz an ihn stellt, einfach nicht zu seiner Komfortzone. Dann fühlt er sich latent überbelastet, weil er die Last seines Jobs gar nicht tragen will, weil sie nicht seinem individuellen Verständnis von Arbeit entspricht. Daran ist nichts verkehrt, solange sein Chef mit seinen Leistungen zufrieden ist und die ständige Überbelastung den Arbeitnehmer nicht krank macht.

»Burnout ist ein gesundes Signal auf ungesunde Lebenssituationen«, schreibt Rotraut A. Perner in ihrem Buch »Der erschöpfte Mensch«. Was steckt hinter dem Phänomen Burnout? Warum erkranken so viele Menschen daran? Ist es wirklich »nur« ein Syndrom der Erschöpfung? Oder bringt diese Krankheit vielleicht auch die langfristig unterdrückte Unzufriedenheit der Betroffenen zum Ausdruck? Eine Unzufriedenheit, die erst in die Frustration und schließlich in die Krankheit führt?

Vielleicht haben die Menschen so große Angst vor Veränderungen, weil sie sich nicht die Zeit geben, sich langsam und bewusst daran zu gewöhnen. Dabei geschieht diese Entwicklung gar nicht von heute auf morgen. **Veränderung ist ein Lernprozess, in dem wir uns nach und nach Kompetenz aneignen: Das zunächst unmöglich Erscheinende wird schwer, das Schwere wird leicht, das Leichte wird schön.** Veränderungskompetenz ist eine wichtige Fähigkeit, mit der du den Zustand der Unzufriedenheit abstellen und ungewollten Veränderungen bewusst vorbeugen kannst. Wenn du dich für Veränderungen öffnest, erreichst du diese Kompetenz in vier Stufen:

Stufe 1: Unbewusste Inkompetenz

Du weißt nicht, dass du etwas verändern möchtest. Vielleicht bist du einfach nur unzufrieden mit einer Situation und suchst die Ursachen dafür in den äußeren Umständen. Oder du glaubst, nichts an einer

Konfuzius sagt: Echtes Wissen ist: Wenn du das, was du weißt, als Wissen erkennst, und das, was du nicht weißt, als Nichtwissen akzeptierst.

Übung: Bewusst etwas verändern

In welchen der nachfolgenden Bereiche des Lebens würdest du gern aktiv etwas ändern? Halte so genau wie möglich in deinem Zeittagebuch fest, was du verändern möchtest. Du kannst diese Übung auch nach ein paar Tagen wiederholen und deine Antworten überprüfen beziehungsweise vertiefen:

- Familie
- Partnerschaft
- Kindererziehung
- Arbeitsplatz
- Körperliches Wohlbefinden
- Freundes- und Bekanntenkreis
- Freizeitgestaltung
- Selbstverwirklichung

Anschließend formuliere diese Wünsche in konkrete Ziele um und überlege, was du tun musst, um diese Ziele zu realisieren (siehe Seite 52 ff.). Gib deinen Zielen einen Termin: Bis wann willst du diese Veränderungen herbeigeführt haben?

unangenehmen Situation ändern zu können. An diesem Punkt lohnt es sich, der eigenen Unzufriedenheit auf den Grund zu gehen.

Stufe 2: Bewusste Inkompetenz

Du weißt, dass du etwas verändern willst, hast aber keine Vorstellung, wie du das bewerkstelligen kannst. Dieser Zustand macht dich unsicher oder ängstigt dich sogar.

Stufe 3: Bewusste Kompetenz

Du nimmst Schritt für Schritt Veränderungen vor. Das kann sich anfangs durchaus ungewohnt oder irritierend anfühlen.

Stufe 4: Unbewusste Kompetenz

Du beherrschst und genießt deine veränderten Lebensumstände, fühlst dich wohl und handelst flexibel und spontan.

Nimm dir
Zeit fürs
Glück!

Die Perle der Weisheit …

AM MEISTEN HATTE YOUKONG GETROFFEN, was Konfuzius damals über seine Drachenperle gesagt hatte: Diese Perle, die chinesische Drachen im Maul oder unter dem Kinn trügen, sei ihr größter Schatz. Sie symbolisiere die kosmische Kraft und universelle Ordnung und sei die Quelle ihrer Energie, Stärke und Weisheit.

Früher gehörte es zu Youkongs großen Vergnügen, mit dieser Perle zu spielen: Er verschluckte sie, spuckte sie wieder aus und ließ sie auf seiner Zunge oder zwischen seinen Zehen tanzen. Am liebsten aber blies er sie vor sich her, weil die Perle dann bei jeder Bewegung im Sonnenlicht in den schönsten Farben schillerte. In solchen Momenten schien es ihm, als würde er selbst von innen heraus strahlen. Und alles, was mit ihm in Berührung kam, tat das ebenso.

Der schimmernde Glanz und das magische Leuchten der Perle waren verschwunden. Nur noch ein ganz schwaches Licht ginge von ihr aus, hatte Konfuzius gesagt. Youkong selbst war das überhaupt nicht aufgefallen – so lange hatte er schon nicht mehr mit der Perle gespielt.

Nach dem Gespräch war er erst zornig auf seinen Meister gewesen, weil er ihn nicht mit der Wahrheit verschont hatte. Doch nach einer Weile musste er sich eingestehen, dass Konfuzius recht hatte. Youkong fühlte sich selbst nicht mehr wohl in seiner Haut. Er hatte seine innere Haltung verloren. Er war so sehr damit beschäftigt gewesen, die Schätze seines Meisters zu hüten, dass er vollkommen vergessen hatte, was seine wahre Aufgabe war: Hüter der Weisheit zu sein.

> *Konfuzius sagt: Zuerst die innere Haltung, dann die äußere Form!*
> *Es ist wie beim Malen, wo man die weißen Lichter zuletzt aufsetzt.*

Mehr Zeit – aber nicht für mehr Arbeit

Fokussieren, reduzieren, entschleunigen, balancieren und selbst bestimmen – wie haben sich diese Strategien auf dein Zeitkonto ausgewirkt? Du überblickst deine täglichen Aufgaben und weißt, was wichtig ist und was du vernachlässigen kannst. Du kennst dein Wohlfühltempo und bewegst dich in deinem individuellen Takt durchs Leben. Du hast zu einem Gleichgewicht zwischen Pflichten und Vergnügungen gefunden. Du lebst und arbeitest pro-aktiv. Das sind die besten Voraussetzungen für ein Leben mit mehr Zeit. Aber: Was willst du eigentlich mit der freien Zeit tun?

Willst du sie nutzen, um noch mehr zu arbeiten? Oder möchtest du zukünftig Dinge tun, die dir Spaß machen und die dich erfüllen?

Folge dem Ruf deines Herzens

Zeit ist Geld, heißt es bei Benjamin Franklin. Das bedeutet, dass wir reich sind, wenn wir viel Zeit haben. Glück kann sich jeder leisten. Es lohnt sich also, sich die Zeit nicht stehlen zu lassen. Wie das geht? Folge immer dem Ruf deines Herzens. Wer das tut, konzentriert sich automatisch auf die Tätigkeiten, die ihm Freude bringen. So kann *Flow* entstehen, ein Zustand, den der Glücksforscher Mihály Csíkszentmihályi prägte.

Er meint damit die Glücksmomente, die uns die Zeit vergessen lassen. **Wenn du im Flow arbeitest, tauchst du vollständig ein in das, was du tust.** In solchen Momenten kann dir der Stress nichts anhaben, weil du für eine Sache brennst. Der Stress aktiviert deine Ressourcen sogar und bringt dich zu Höchstleistungen, weil du etwas unbedingt willst. Jeder Mensch kann Flow erleben. Denn Flow ist nichts Materielles: Dieser Zustand ist nicht abhängig von einer bestimmten Tätigkeit, Vorgehensweise oder von den Dingen, mit denen wir uns umgeben. Flow stellt sich ein, wenn wir etwas schaffen, das uns erfüllt.

In deiner Freizeit hast du bestimmt schon einmal Flow erlebt: Wenn du beispielsweise gern Klavier spielst und deine Finger nach dem Einstudieren deiner Lieblingskomposition nur so über die Tasten fliegen. Oder beim Joggen, sobald du nach der Aufwärmphase deinen Rhythmus gefunden hast und ewig so weiterlaufen könntest. Wenn du voller Liebe und Stolz dein Neugeborenes beim Schlafen beobachtest und darüber alles vergisst. Auch im Berufsleben wirst du wahrscheinlich schon Flow erlebt haben. Wir schenken diesen Momenten in der Hektik des Tages nur weniger Beachtung: Wenn du eine Aufgabe besonders gut gemeistert oder mit Kollegen sehr gut und harmonisch zusammengearbeitet hast. Die Zeit verging wie im Flug. Du warst hoch konzentriert und hast alles um dich herum vergessen. Es war nichts anderes mehr wichtig als diese eine Aufgabe. Und das Ergebnis begeisterte nicht nur dich selbst, sondern auch deine Kollegen und Vorgesetzten. Das ist Flow. So zu arbeiten macht glücklich.

Konfuzius sagt: Wohin du auch gehst, geh mit deinem ganzen Herzen.

> *Konfuzius sagt: Nur wer mit dem Strom schwimmt, wird das Meer erreichen.*

Entdecke den Flow

Egal ob im Berufsleben oder in der Freizeit: Flow braucht immer ein Ziel. Wer nicht weiß, was er will und warum er das will, kann sich nicht fokussieren. Und ohne Fokus kein Flow! Dann läufst du Gefahr, dich in einer Sache zu verzetteln, statt in ihr aufzugehen. Konzentrierst du dich aber auf ein Ziel, steht dem Flow nichts mehr im Weg. Willst du den Flow in deinem Leben entdecken? Dann

Anleitung: In sieben Schritten zum Flow

1 Nutze deine Zeit bewusst und achte auf ein ausgewogenes Verhältnis zwischen Pflichten und Vergnügen.

2 Reserviere immer ausreichend Zeit für die Tätigkeiten, in denen du voll und ganz aufgehst.

3 Reduziere lästige Aufgaben auf ein Minimum.

4 Gestalte deine Freizeit bewusst. Flow entsteht nicht vor dem Fernseher, sondern wenn du deine Kreativität entfaltest.

5 Achte auf deine Gesundheit. Denn ein unausgeruhter oder kranker Mensch kann sich dem Flow nicht hingeben, weil er von seinem körperlichen Zustand abgelenkt ist.

6 Halte den Flow fest, indem du aufschreibst, was dir Freude bereitet. Notiere deshalb deine Glücksmomente täglich abends vor dem Schlafengehen in deinem Zeittagebuch.

7 Sei dankbar für dein Glück.

brauchst du etwas Zeit – aber davon hast du ja jetzt mehr, oder? Nimm dein Zeittagebuch zur Hand und liste zwei Wochen lang jeden Abend stichpunktartig auf, was du den Tag über gemacht hast. Anschließend markierst du, welche Aufgabe, Arbeit oder Tätigkeit dir besonders viel Spaß bereitete. Ein *Stern* steht für Flow, ein *Plus* für eine Tätigkeit, die o. k. war, und ein *Minus* für alles, was du gar nicht gern getan hast. So wirst du herausfinden, welche Tätigkeiten dich glücklich machen. Zum Schluss wertest du das Ergebnis in drei Listen aus: eine Liste A für Flow, eine Liste B für gute Aufgaben und eine Liste C für unangenehme Aufgaben. Wie oft hast du ein Sternchen vermerkt und wie oft ein Plus? Welche Aufgaben haben ein Minus bekommen? Wie ist das Verhältnis zwischen Sternchen, Plus und Minus?

Glück lässt sich planen

Was nützt die Meisterschaft über die Zeit, wenn wir dabei unser Glück aus den Augen verlieren? So wie du in deinem Garten einen Samen pflanzt, um eine Blüte daraus wachsen zu sehen, so solltest du zukünftig auch dein Glück einplanen. Nur so stellst du sicher, dass es seinen Weg zu dir findet. **Wenn du dir keine Zeit fürs Glück nimmst, läuft es dir immer hinterher – und kann dich nie erreichen.** Willst du wirklich schneller sein als das Glück?

Wenn du möchtest, dass das Glück dich einholt, dann reserviere ihm einen festen Platz in deinem Leben. Mach einen Termin mit dem Glück! Betrachte deinen Kalender ab jetzt nicht nur als ein Instrument, um die Aktivitäten des Tages zu planen, sondern als Haltestelle für Erfolge und Glücksmomente. Das erreichst du, wenn du neben den To-Dos und alltäglichen Pflichten und Terminen jeden Tag festhältst:

● Deine privaten Verabredungen: Dein Privatleben verdient ebenso viel Aufmerksamkeit und Zuverlässigkeit wie dein Arbeitsalltag (siehe Seite 59).

● Alle Pausen: Auf diese Weise schaffst du Vorfreude, weil du im Voraus weißt, wann es Zeit zum Durchatmen ist (siehe Seite 61).

● Deine Erfolge: Wenn du etwas besonders gut gemacht hast, kannst du das in bunten Farben vermerken.

● Deine Flow-Momente: Kennzeichne mit einem Herz oder Stern die Zeit, in der es dir besonders gut ging, und schreibe in Stichworten auf, worum es ging. Zum Beispiel: »kreatives Werbekonzept entwickelt«; »Spaghetti al pesto gekocht«.

Die glücklichste Zeit ist immer jetzt

Glücksdrachen sind scheue Wesen, sie zeigen sich den Menschen nur selten. Dann wollen uns diese magischen Geschöpfe mit ihrer Lebenskraft und Weisheit erfüllen. Sollte es also besonders hektisch in deinem Leben zugehen, dann beherzige Youkongs zehn Glücksdrachengebote auf der Seite rechts. Lass den Stress los, damit du wieder beide Hände frei hast: Stell dich ans Fenster und schau auf den Horizont. Wenn du Glück hast, kannst du Youkong am Horizont entdecken – wie er durch die Lüfte tanzt, auf den Wolken reitet oder seine leuchtende Drachenperle vor sich herbläst. Dann will er dir zeigen, dass du den Augenblick genießen sollst. Denn die glücklichste Zeit in deinem Leben ist immer *jetzt*.

Konfuzius sagt: Erkenne das Ewige, und du bist weise.

Die zehn Drachengebote für wahre Meister der Zeit

1 Formuliere deine Träume, Wünsche und Visionen als Ziele und folge ihnen. Denn sie bestimmen den Sinn und die Richtung deines Denkens und Handelns.

2 Weniger ist mehr. Nimm dir nicht zu viel vor und verplane nicht deine gesamte Zeit. So bleibst du flexibel und bist weniger gestresst.

3 Sorge für eine ausgewogene Zeit- und Lebensbalance. Eine qualitative Zeitbalance zwischen allen Lebensbereichen ist wichtiger als eine quantitative.

4 Konzentriere dich immer auf das Wesentliche. Du allein weißt, was das ist.

5 Entfliehe der Dringlichkeitsfalle. Wenn du dringende Dinge erledigst, reagierst du nur. Tust du dagegen die wichtigen Dinge, dann agierst du.

6 Plane regelmäßig und konsequent Zeit für dich selbst ein. Gönne dir diese Zeit für Muße, Nichtstun, zum Nachdenken und Pläneschmieden.

7 Geh mit deiner Lebenszeit stets selbstbestimmt und souverän um. Lass dir keinen Zeit- und Termindruck machen. Du bestimmst darüber, wie langsam oder wie schnell du gehen musst, um dein Ziel zu erreichen.

8 Hör auf deine innere Weisheit und lerne, deinem Zeitgefühl, deiner Intuition und Inspiration zu vertrauen.

9 Sei dankbar für die Erfolge und für alles, was dir Freude bereitet und dich glücklich macht.

10 Verleugne niemals deine wahre Natur: Nur wenn du lebst, was du bist, kannst du erreichen, was du willst.

Best of Konfuzius

Konfuzius war ein chinesischer Philosoph, der ca. 551 bis 479 v. Chr. zur Zeit der östlichen Zhou-Dynastie lebte. Seine Lehren wurden von seinen Schülern überliefert und erst viele Jahre nach seinem Tod schriftlich festgehalten. Konfuzius sagt:

Das Leben ist einfach, aber wir bestehen darauf, es kompliziert zu machen.

Das Schlimmste ist, wenn man sich selbst vergisst.

Such dir eine Arbeit, die du gern tust. Dann brauchst du keinen Tag in deinem Leben mehr zu schuften.

Der Weg ist das Ziel.

Wer lange im Amt ist, sollte wieder anfangen zu lernen. Wer schon lange gelernt hat, sollte daran denken, ein Amt aufzunehmen.

Menschen stolpern nicht über Berge, sondern über Maulwurfshügel.

Es ist nicht von Bedeutung, wie langsam du gehst, solange du nicht stehen bleibst.

Zu viel zu tun ist nicht unbedingt besser, als zu wenig zu tun.

Der Narr tut, was er nicht lassen kann, der Weise lässt, was er nicht tun kann.

Es ist besser, das winzigste Lämpchen zu entzünden, als sich über die Dunkelheit zu beklagen.

Der Weise sucht, was in ihm selber ist, der Tor, was außerhalb.

Etwas lernen und sich immer wieder darin üben – schafft das nicht auch Befriedigung?

Lernen ist eine Tätigkeit, bei der man das Ziel nie erreicht und zugleich immer fürchten muss, das schon Erreichte zu verlieren.

Es gibt drei Wege des Lernens: erstens durch Nachdenken, das ist der edelste; zweitens durch Erfahrung, das ist der bitterste; drittens durch Nachahmen, das ist der leichteste.

Wer nur zurückschaut, kann nicht sehen, was auf ihn zukommt.

Die Freude ist überall. Es gilt nur, sie zu entdecken.

Ein Arzt, der nie selber krank war, ist kein guter Arzt.

Am Baum der guten Vorsätze gibt es viele Blüten, aber wenig Früchte.

Es genügt nicht, zum Fluss zu kommen mit dem Wunsch, Fische zu fangen. Man muss auch ein Netz mitbringen.

Wer am falschen Faden arbeitet, zerstört das ganze Gewebe.

*Ein wahrhaft großer Mensch verliert nie
die Einfachheit eines Kindes.*

*Das Wasser nimmt nicht mehr Platz
in einer Schale ein, als es bedarf.
So gleicht es der Mäßigung.*

*Die Lebensspanne ist dieselbe,
ob man sie lachend oder weinend verbringt.*

In der Ruhe liegt die Kraft.

*Wer schnell ans Ziel will,
sollte langsam gehen.*

*Richte deinen Willen auf den Weg, halte
dich an die Tugend, stütze dich auf die
Menschlichkeit, suche Muße in den Künsten.*

*Bist du arm, aber gesund,
so bist du ein halber Reicher.*

*Keine Straße ist zu lang
mit einem Freund an der Seite.*

*Wenn es darum geht, Gutes zu tun,
sollte man nicht einmal seinem Lehrer
den Vortritt lassen.*

*Ruhm liegt nicht darin, niemals zu fallen,
sondern jedes Mal wieder aufzustehen,
wenn wir gescheitert sind.*

*Das Entscheidende am Wissen ist,
dass man es beherzigt und anwendet.*

*Wenn du die Absicht hast,
dich zu erneuern, tu es jeden Tag.*

*Echtes Wissen ist: Wenn du das, was du
weißt, als Wissen erkennst, und das, was
du nicht weißt, als Nichtwissen akzeptierst.*

*Zuerst die innere Haltung, dann die
äußere Form! Es ist wie beim Malen,
wo man die weißen Lichter zuletzt aufsetzt.*

*Zufriedenheit bringt auch
in der Armut Glück,
Unzufriedenheit ist Armut auch im Glück.*

*Wohin du auch gehst,
geh mit deinem ganzen Herzen.*

*Nur wer mit dem Strom schwimmt,
wird das Meer erreichen.*

*Das Leben ist ein dorniger Rosenstock
und das Glück die Blüte.*

Erkenne das Ewige, und du bist weise.

Bücher und Internet-Adressen, die weiterhelfen

Cialdini, Robert: Die Psychologie des Überzeugens. Huber

Covey, Stephen R.: Die 7 Wege zur Effektivität. Gabal

Engelbrecht, Sigrid: Lass los, was deinem Glück im Weg steht. GRÄFE UND UNZER

Grillparzer, Marion und Wendel, Susanne: Der Feelgood Faktor. Der fünfte Sinn. Südwest

Konfuzius: Gespräche. Fischer

Küstenmacher, Werner Tiki: Eine Handvoll Glück. GRÄFE UND UNZER

Küstenmacher, Werner Tiki: Du hast es in der Hand! GRÄFE UND UNZER

Küstenmacher, Werner Tiki und Seiwert, Lothar: Simplify Your Life. Campus

Perner, Rotraud A.: Der erschöpfte Mensch. Residenz

Pohle, Rita: Lass los, was deine Seele belastet. GRÄFE UND UNZER

Seiwert, Lothar: Das neue 1 × 1 des Zeitmanagement. GRÄFE UND UNZER

Seiwert, Lothar: Mein Zeit-Tagebuch. Südwest

Seiwert, Lothar: Noch mehr Zeit für das Wesentliche. Goldmann

Seiwert, Lothar: Simplify Your Time. Einfach Zeit haben. Campus

Seiwert, Lothar: Ausgetickt: Lieber selbstbestimmt als fremdgesteuert. Ariston

Seiwert, Lothar: Die Bären-Strategie: In der Ruhe liegt die Kraft. Ariston

Seiwert, Lothar: Wenn du es eilig hast, gehe langsam. Campus

Seiwert, Lothar: Zeit ist Leben, Leben ist Zeit. Ariston

Seiwert, Lothar und Gay, Friedbert: Das neue 1 × 1 der Persönlichkeit. GRÄFE UND UNZER

Späth, Thomas und Shi Yan Bao: Shaolin: Das Geheimnis der inneren Stärke. GRÄFE UND UNZER

Follow me on twitter: www.twitter.com/Seiwert

Become a fan on Facebook: www.facebook.com/Lothar.Seiwert

SEIWERT-TIPP: 1 Minute für 1 Woche in Balance. Wöchentlicher kostenloser E-Newsletter mit praktisch umsetzbarem Sofort-Nutzen; zu abonnieren unter: www.Lothar-Seiwert.de